Konstantin Silka

# Cloud Computing Services und USDL

**Silka, Konstantin: Cloud Computing Services und USDL. Hamburg, Bachelor + Master Publishing 2014**

Originaltitel der Abschlussarbeit: Cloud Computing Services und USDL

Buch·ISBN: 978·3·95684·399·0
PDF·eBook·ISBN: 978·3·95684·899·5
Druck/Herstellung: Bachelor + Master Publishing, Hamburg, 2014
Covermotiv: © Kobes · Fotolia.com
Zugl. Universität Kassel, Kassel, Deutschland, Bachelorarbeit, 2013

**Bibliografische Information der Deutschen Nationalbibliothek:**
Die Deutsche Nationalbibliothek verzeichnet diese Publikation in der Deutschen
Nationalbibliografie; detaillierte bibliografische Daten sind im Internet über
http://dnb.d·nb.de abrufbar.

© Bachelor + Master Publishing, Imprint der Diplomica Verlag GmbH
Hermannstal 119k, 22119 Hamburg
http://www.diplomica·verlag.de, Hamburg 2014
Printed in Germany

## Motivation und Zusammenfassung

Cloud Computing ist und bleibt eine der wichtigsten IKT-Trends der nächsten Jahre. Obwohl der Einsatz von Cloud Services mit enormen Vorteilen, vor allem für Seiten der KMUs verbunden ist, fällt der derzeitige und zukünftige Einsatz im Unternehmen eher bescheiden aus. Wie so oft bei „neuem", in dem Fall Cloud Computing, bestehen zu Anfang Hemmnisse auf Seiten der Nutzer. Dabei spielt es keine Rolle, ob bestehende Hemmnisse gerechtfertigt sind oder nicht. Um eine rasche Verbreitung von Cloud Services sicherzustellen, müssen diese Hemmnisse reduziert werden. Dies geschieht indem alle relevanten Informationen zu einzelnen Cloud Services verständlich, zentral und einheitlich dargestellt, sowie miteinander vergleichbar gemacht werden. Dadurch sollen alle bestehenden Fragen der IT-Entscheider schnell, korrekt und zuverlässig beantwortet werden, was rational gesehen zu einem Abbau der Fragen und der damit einhergehenden Hemmnisse führt. Eine Methode, mit der die wichtigsten Informationen eines Cloud Services erfasst und aufgezeigt werden können, ist die Unified Service Description Language, kurz USDL.

Die vorliegende Bachelorarbeit gibt zu Anfang einen Überblick über Cloud Computing, hauptsächlich über die wichtigsten Technologien die hinter dem Begriff stehen. Im Anschluss daran, wird kurz auf die schwache Nutzung von Cloud Services durch die KMUs eingegangen und die in Beziehung stehenden Hemmnisse aufgeführt. Danach wird USDL vorgestellt, als eine mögliche Lösung diese Hemmnisse zu beseitigen. Um die Funktionsweise von USDL zu verdeutlichen, werden drei Cloud Services beschrieben und ein Blick auf die wichtigsten Aspekte und Elemente geworfen. Zum Schluss wird jedes einzelne Hemmnis kurz erläutert und aus den Cloud Services Beschreibungen mit USDL abgeleitet, ob durch den Einsatz von USDL diese Hemmnisse beseitigt werden können.

# Inhaltsverzeichnis

# Abbildungsverzeichnis

# Tabellenverzeichnis

# Abkürzungsverzeichnis

| | |
|---|---|
| Abb. | Abbildung |
| e.g. | exempli gratia (zum Beispiel) |
| evtl. | eventuell |
| FTP | File Transport Protocol |
| GB | Gigabyte |
| HTTP | Hypertext Transfer Protocol |
| IaaS | Infrastructure as a Service |
| Kap. | Kapitel |
| KMU | kleine und mittelständische Unternehmen |
| NIST | National Institute for Standards |
| OWL-S | Ontology Language for Web Services |
| PaaS | Platform as a Service |
| RDF | Resource Delivery Framework |
| SaaS | Software as a Service |
| SLA | Service Level Agreements |
| SML | Software Modeling Language |
| SMTP | Simple Mail Transfer Protocol |
| SOA | Service orientierte Architektur |
| SOAP | Simple Object Access Protocol |
| sog. | so genannt |
| UDDI | Universal Description, Discovery and Integration |
| UML | Unified Modeling Language |
| URI | Unified Resource Identifier |
| USDL | Unified Service Description Language |
| VPN | Virtual Personal Network |
| WADL | Web Application Description Language |
| W3C | World Wide Web Consortium |
| WS | Web Service |
| WSDL | Web Service Description Language |
| WSMO | Web Service Modeling Ontology |
| XML | Extensible Markup Language |

# 1 Grundlagen des Cloud Computing

## 1.1 Definition Cloud Computing

Cloud Computing ist in der IT-Welt allgegenwärtig und nicht mehr wegzudenken. Was steckt aber wirklich hinter diesem Begriff? Ist es etwa eine neue Technologie, oder doch nur ein neues, in der IT benutztes Schlagwort, für bereits bestehende Technologien. Eine weltweit einheitliche standardisierte Definition könnte dabei die Antwort geben, aber diese existiert im Moment nicht. Dafür finden sich in der Literatur[1] zahlreiche Definitionen zum Thema Cloud Computing. Eine vielbeachtete und in der Literatur oft zitierte Definition stammt vom National Institut for Standards and Technology (NIST 2011, 2):

"Cloud computing is a model for enabling ubiquitous, convenient, on-demand network access to a shared pool of configurable computing resources (e.g., networks, servers, storage, applications, and services) that can be rapidly provisioned and released with minimal management effort or service provider interaction. This cloud model promotes availability and is composed of five essential characteristics, three service models, and four deployment models."

Wie erkenntlich ist, enthält die aufgeführte Definition von NIST, fünf wesentliche Eigenschaften, drei Service Modelle (SaaS, PaaS und IaaS) und vier Betriebsmodelle. Auf diese einzelnen Aspekte wird im Folgenden eingegangen, um Cloud Computing zu erklären. Die fünf wesentlichen Eigenschaften des Cloud Computing nach NIST werden dabei als erstes aufgezeigt und erklärt (NIST 2011, 2).

**Resource pooling:** Bestehende IT-Ressourcen werden gebündelt, um von verschiedenen Nutzern gemeinsam genutzt zu werden. Dabei werden virtuelle und physische Ressourcen dynamisch einer Vielzahl von Kunden, je nach Bedarf, zur Verfügung gestellt (Metzger, Reitz, Villar 2011, 13). Dies wird mit Hilfe einer Multi-Tenant-Architektur realisiert. Bei einer Multi-Tenant-Architektur, arbeiten im Gegensatz zu einer Single-Tenant-Architektur, alle Nutzer auf derselben Plattform, aber treten als separat voneinander getrennte Kunden auf. Dadurch, dass diese Kunden als unabhängige Mandanten auf der gleichen Hard- und Softwareinfrastruktur laufen, können Skaleneffekte, wie auch andere Kosteneinsparungen realisiert werden (Terplan, Voigt 2011, 22).

**Broad network access:** Cloud Computing Services sind netzwerkbasiert und können in Echtzeit abgerufen werden. Der Zugriff ist dabei von jeder standardisierten Plattform (Laptops, Desktop PCs, Tablet Computer und Mobile Geräte) aus möglich.

---

1 Vgl. Baun et al. 2011, 4; Foster et al. 2008, 1; Armbrust et al. 2009, 4

**Measured service:** Bei Beanspruchung von Cloud Services kann eine verbrauchsabhängige Abrechnung erfolgen. Durch Nutzung von Ressourcen, kann sowohl für den Anbieter, als auch für den Nutzer, durch Beobachtung, Kontrolle und Berichtserstattung eine Transparenz hergestellt werden. Das Trafficvolumen, die Speichergröße, die Zeit oder auch der Nutzer sind Beispiele für zu messende Größen, die je nach Typ des Services anders ausfallen können (Metzger, Reitz, Villar 2011, 15). Diese Transparenz sorgt dafür, dass nur die tatsächlich genutzten Ressourcen abgerechnet werden und schafft somit eine Basis von Vertrauen und Sicherheit auf Seiten des Nutzers, sowie auch des Providers.

**On-demand self-service:** Cloud Services sind zu jedem Zeitpunkt verfügbar und durch den Nutzer selbstständig skalierbar. Der entscheidende Punkt hierbei ist, die Vereinfachung für den Nutzer dahingehend, dass der Zugriff auf Cloud Services auch ohne eine menschliche Interaktion mit dem Anbieter stattfindet (Baun et al. 2011, 5).

**Rapid elasticity:** Ressourcen von Services können bedarfsgerecht bereitgestellt und freigegeben werden. Diese sog. elastische Bereitstellung kann entweder manuell durch den Nutzer oder automatisch ausgeführt werden.

Bevor auf die drei Service Modelle und die vier Betriebsmodelle nach NIST eingegangen wird, ist es zum Verständnis ratsam, bereits im Vorfeld auf die technologischen Aspekte des Cloud Computing einzugehen. Hierbei findet keine Unterscheidung oder Abgrenzung zwischen einzelnen Technologien im Zusammenhang mit Cloud Computing statt. Denn dieses wurde in der Literatur[2] bereits zu genüge behandelt. Bei dem derzeitigen Hype rund um das Thema Cloud Computing ist der Gedanke groß, dass dahinter eine neue, innovative Technologie steckt. Dies ist aber nicht der Fall, denn Cloud Computing steht für keine neuartige Technologie, sondern für ein neues Geschäftsmodell (Terplan, Voigt 2011, 23). Cloud Computing bedient sich dabei einer Reihe von bestehenden Technologien, einige davon werden im nächsten Kapitel vorgestellt, andere wiederum sind in der heutigen Zeit so selbstverständlich, dass keine Betrachtung mehr notwendig[3] hierfür erscheint.

## 1.2 Technologien des Cloud Computing

Für die Entwicklung von Cloud Computing und in diesem Zusammenhang auch angebotenen Cloud Services, sind für den Autor dieser Arbeit, drei Technologien von relevanter Bedeutung. Bei diesen Technologien, die nun im Folgenden vorgestellt werden, handelt es sich um die Virtualisierung, die SOA und Web Services.

### 1.2.1 Virtualisierung

Die Grundlage der meisten Cloud Architekturen besteht aus der Virtualisierung von Ressourcen (Baun et al. 2011, 9). Eine einheitliche Definition zum generellen Begriff der

---

[2] Vgl. Metzger, Reitz, Villar 2011, 23-24; Chee, Franklin 2010, 38-39
[3] Hierbei handelt es sich, um nur einige Beispiele zu nennen, um (Hochleistungs-) Server, Internet, Browser aber auch andere Webtechnologien die hier nicht näher vorgestellt werden.

Virtualisierung existiert nicht, da das Konzept in vielen unterschiedlichen Technologiedomänen zum Einsatz kommt. Prinzipiell versteht man unter Virtualisierung, dass dem Nutzer eine Abstraktionsschicht bereitgestellt wird, die ihn von den eigentlichen physikalischen Ressourcen trennt. Dadurch sollen Ressourcen gemeinsam genutzt werden, um bestehende Kapazitäten besser auszulasten (BITKOM 2009, 71; Meinel et al. 2011, 10). Physische Ressourcen, wie Computer, Server und Anwendungssysteme werden dabei in mehrere, je nach Nutzerzahl, logische Sichten unterteilt. Beispielsweise können mehrere Betriebssysteme parallel auf einem Server laufen, ohne das zwischen den Betriebssystemen eine (logische) Verbindung oder gegenseitige Kenntnisnahme existiert. Der ursprüngliche Gedanke war, einzelne Ressourcen in Pools zusammenzufassen und gemeinsam zu verwalten. Im Bezug zu Cloud Computing, können aus diesem Pool die Service-Funktionalitäten bezogen werden, die von den Kunden nachgefragt werden (Baun et al. 2011, 9-10; Metzger, Reitz, Villar 2011, 15; Beckereit 2011, 70-71).

### 1.2.2 Service orientierte Architektur

Eine weitere Voraussetzung des Cloud Computing ist die Service orientierte Architektur (SOA). Unter einer SOA wird keine konkrete Technik, sondern ein abstraktes Konzept einer Software Architektur verstanden, welches das Anbieten, Suchen und Nutzen von Services über ein Netzwerk ermöglichen soll (Melzer et al. 2010, 9; TecChannel 2006). Mit der SOA wird bezweckt, dass nicht mehr Anwendungen an sich, sondern (automatische) Geschäftsprozesse im Vordergrund stehen. Das ermöglicht IT-Architekturen auf die Abstraktionsebene von Geschäftsprozessen zu befördern (Baun et al. 2011, 19; TecChannel 2006a). Services sind in einer SOA dabei lose gekoppelt und können bei Bedarf nicht nur vom Kunden, sondern plattformübergreifend auch von Anwendungen oder anderen Services dynamisch gesucht und eingebunden werden (Melzer et al. 2010, 11; TecChannel 2006a). Um dies zu erreichen werden inkompatible Methoden oder Anwendungen als offene wiederverwendbare Services dargeboten, um somit eine sprachen-, wie auch plattformunabhängige Nutzung und Wiederverwendung zu ermöglichen (Baun et al. 2011, 20-21).

Damit ein Service von anderen Anwendungen oder Services gefunden und genutzt werden kann, müssen diese Services, unabhängig von ihrer Programmiersprache, Plattform und Implementierung offene, frei zugängliche Schnittstellen aufweisen. Dies wird anhand einer Schnittstellensprache ermöglicht, im Falle von Web Services kommt die Web Service Description Language zum Einsatz[4] (Melzer et al. 2010, 15). Im Cloud Computing werden angebotene Anwendungen, Plattformen und Infrastrukturen als Services in der SOA realisiert und zur Verfügung gestellt. Beispielsweise kann ein Anbieter von Public Cloud Services, diese mit standardisierten Web-Protokollen und Schnittstellen anbieten (Baun et al. 2011,

---

[4] Weitere Informationen dazu im Kapitel 2.2.1

19). Hierfür hat sich der Einsatz von Web Services bei den Cloud Service Anbietern zum großen Teil durchgesetzt[5].

Beteiligte Rollen die in einer SOA identifiziert werden können, sind der Serviceanbieter, das –verzeichnis und der -nutzer (Melzer et al. 2010, 14; TecChannel 2006a). Jeder dieser drei Rollen erfüllt einen vorgesehenen Zweck innerhalb der SOA, auf die im nächsten Kapitel, im Zusammenhang mit Web Services, näher eingegangen wird.

### 1.2.3 Web Services

Neben den eben vorgestellten Konzepten der Virtualisierung und der SOA sind Web Services eine wichtige Voraussetzung für das Cloud Computing. Web Services sind eine Möglichkeit eine SOA technisch zu realisieren. Innerhalb der Interaktion zwischen den Beteiligten der SOA kommen unterschiedliche Techniken zum Einsatz, welche als Gesamtheit die Web Services repräsentieren (Krcmar 2011, 183-184; TecChannel 2006b). Es muss von vornherein klargestellt werden, dass die Nutzung der Technologie von Web Services nicht zwingend für eine SOA ist, sondern es sich nur um eine Möglichkeit handelt, eine SOA zu realisieren (Baun et al. 2011, 19).

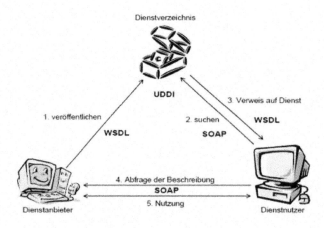

**Abbildung 1: Web-Services-Dreieck**
*Quelle: (Melzer et al. 2010, 64)*

Das W3C (2002) definiert Web Services wie folgt: „A Web service is a software application identified by a URI, whose interfaces and binding are capable of being defined, described and discovered by XML artifacts and supports direct interactions with other software applications using XML based messages via internet-based protocols".

Nach dieser Definition versteht man unter einem Web Service, eine durch URI eindeutig identifizierte Softwareanwendung, deren Schnittstellen aus einem maschinenlesbaren Format bestehen. Dadurch wird eine Interaktion und Kommunikation mit anderen Systemen

---

[5] Beispielhaft sei hier Amazon genannt, bei dem zu jedem Web Service eine dazugehörige WSDL-Datei existiert.

ermöglicht. Diese maschinenübergreifende Kommunikation vollzieht sich dabei ohne direkte Beteiligung einer menschlichen Komponente, es handelt sich um eine reine Maschinen-Kommunikation, die mittels Web Protokollen ermöglicht wird. Den technischen Rahmen von Web Services bilden Protokolle und Standards wie UDDI, WSDL, SOAP, HTTP und XML. Wie bereits angedeutet, sind Web Services eine Möglichkeit um eine SOA zu realisieren, mit dessen Hilfe Services im Internet beschrieben, herausgegeben, gefunden und je nach Bedarf zugegriffen werden kann (Krcmar 2011, 183-185; TecChannel 2006b).

Die technische Realisierung eines Web Services wird nun unter Einbeziehung der Abb. 1 mit den Rollen der SOA beschrieben. Im ersten Schritt stellt der Dienstanbieter einen Service zur Verfügung, in unserem Fall handelt es sich um einen Web Service. Dazu erstellt der Dienstanbieter eine Schnittstellenbeschreibung des Web Services mit Hilfe von WSDL. Damit der Servicenutzer einen Service suchen und finden kann, wird dieser, basierend auf UDDI, in einen Verzeichnisdienst transferiert. Der Dienstnutzer sucht einen bestimmten Web Service beim Verzeichnis. Zu diesem Zweck verfügt die UDDI über eine SOAP-Schnittstelle. Nach erfolgreicher Suche des geeigneten Web Service fordert der Nutzer das WSDL-Dokument an. Dazu liefert das Verzeichnis eine Referenz auf das WSDL-Dokument. Zum Schluss liefert der Servicenutzer dem Serviceanbieter den Web Service, nachdem eine Abfrage erfolgte.

Die in der Abb. 1 beschriebene Sicht der SOA wird durch folgende Techniken des Web Services ermöglicht (Melzer et al. 2010, 63; Krcmar 2011, 184-185):

- SOAP ist ein Netzwerkprotokoll das zum Austausch von XML basierten Nachrichten zwischen Applikationen eingesetzt wird. Zum Senden der Nachricht kann jedes beliebige Transportprotokoll, wie beispielsweise HTTP, FTP oder SMTP genutzt werden.
- WSDL ist eine auf XML basierende plattform- und protokollunabhängige Beschreibungssprache, um Web Services zu beschreiben.
- UDDI wird benötigt, um Web Services im Internet ausfindig zu machen. Es handelt sich um ein standardisiertes Verzeichnis von Metadaten aller verfügbaren Web Services im Repository.

Nachdem ein Blick auf die wesentlichen Eigenschaften, sowie die relevantesten Technologien des Cloud Computing geworfen wurde, kann nun im Nachfolgenden, auf die in der Definition von NIST beschriebenen, Service Modelle und Betriebsmodelle eingegangen werden.

### 1.3 Service- und Betriebsmodelle des Cloud Computing

Nach C. Bau et al. (2009, 27) kann die Betrachtung der Cloud-Architektur aus einer organisatorischen und einer technischen Sicht erfolgen. Die organisatorische Sicht trennt die organisatorischen Einheiten, gemeint sind Benutzer und Anbieter, voneinander. Diese Sicht entspricht somit den Betriebsmodellen nach NIST. Daneben orientiert sich die technische Sicht an den funktionalen Eigenschaften und entspricht somit den Service Modellen.

### 1.3.1 Betriebsmodelle

Wie bereits erwähnt existieren nach NIST vier verschiedene Betriebsmodelle die sich im Wesentlichen in ihrer Zugangsform und der Einbettung in bestehende IT-Infrastrukturen unterscheiden (Meinel et al. 2011, 28). Für den Zugriff und den Konsum von Services aus der IaaS, PaaS und SaaS spielt die Art des Betriebsmodells keine Rolle.

Die **Private Cloud** ist für die Verwendung in nur einer einzigen Organisation gedacht. Die Anwendung erfolgt beispielsweise in Unternehmen, die auf mehreren Standorten verteilt sind, dessen Mitarbeiter aber gemeinsam auf eine zentrale IT-Komponente zugreifen (NIST 2011, 3). Das wichtigste Unterscheidungsmerkmal der Private Cloud ist hierbei, dass kein weiteres Unternehmen auf die Services zugreift, wie dies beispielsweise in der Public Cloud der Fall ist (PROZEUS 2011, 13). Der Zugriff auf die Services erfolgt üblicherweise über ein Intranet oder einen VPN-Client (Meinel et al. 2011, 28). Für die Nutzung einer Private Cloud sprechen vor allem vermutete Sicherheitsprobleme des Management im Bereich der Datensicherheit, aber auch rechtliche Rahmenbedingungen die vom Unternehmen eingehalten werden müssen (Metzger, Reitz, Villar 2011, 18).

Im Unterschied zur Private Cloud, gehören in der **Public Cloud** Anbieter und Kunden nicht zu derselben organisatorischen Einheit an (Baun et al. 2011, 27; PROZEUS 2011, 13). Public Clouds stehen der ganzen Öffentlichkeit frei zur Verfügung und können somit von beliebigen Personen, öffentlichen Einrichtungen oder Unternehmen genutzt werden (Metzger, Reitz, Villar 2011, 19; NIST 2011, 3). Der Zugriff auf die Services erfolgt üblicherweise über das Internet, wobei die Nutzer in Eigenregie die gewünschten Leistungsumfänge zusammenstellen können (Baun et al. 2011, 27-28; Meinel 2011, 28; BMWi 2010, 12). Dabei teilen sich meist mehrere Nutzer eine virtuelle Infrastruktur, ohne eine Kenntnisnahme von anderen Nutzern zu erlangen (PROZEUS 2011, 13).

Werden die beiden zuvor betrachteten Ansätze kombiniert, entsteht eine dritte Kategorie, die sog. **Hybrid Cloud**. Bei dieser Art von Betriebsmodell findet eine kombinierte Nutzung von Private- und Public Cloud Services statt. Der reguläre Betrieb erfolgt dabei meist im eigenen Unternehmen, in einer Private Cloud. Bei gelegentlichen, auftretenden, Lastspitzen können weitere Leistungen in der Public Cloud bezogen werden (Meinel et al. 2011, 28; PROZEUS 2011, 13; BMWi 2010, 12). Ein anderer Zweck, der für den Einsatz einer Hybrid Cloud spricht, ist im Zusammenhang mit unternehmenskritischen Daten und Datensicherheit einzuordnen. Unternehmenskritische Daten sowie Funktionen werden in einer Privat Cloud belassen und unkritische Daten und Funktionen wiederum werden in eine Public Cloud ausgelagert (Metzger, Reitz, Villar 2011, 19-20; Baun et al. 2011, 29). Um eine reibungslose Interaktion zwischen einer Private-, und Public Cloud zu ermöglichen, müssen Schnittstellen auf allen Ebenen so integriert werden, dass eine heterogene Landschaft, für den Nutzer homogen erscheint. (NIST 2011, 3; Terplan, Voigt 2011, 40).

Verbinden oder nutzen mehrere Organisationen, wie beispielsweise Unternehmen ihre Private Clouds oder Service gemeinsam, so spricht man von einer Community Cloud. Dabei können es Unternehmen des gleichen Landes, der gleichen Branche oder des gleichen Mutterkonzern sein. Die Services stehen einem eingeschränkten Nutzerkreis zur Verfügung und zwar den Mitgliedern, die ihre Services gemeinsam nutzen. Betrieben und verwaltet können die Services, entweder von den Mitgliedern der Community Cloud oder von einem externen Anbieter (NIST 2011, 3; Terplan, Voigt 2011, 37). Hierdurch können, durch die geringeren Skalenerträge, zwar nicht die gleichen Kosteneinsparungen wie bei einer Public Cloud realisiert werden, ökonomische Vorteile werden trotzdem realisiert (Metzger, Reitz, Villar 2011, 19).

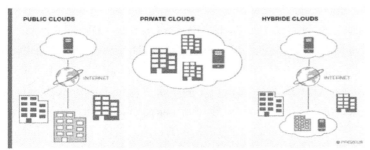

**Abbildung 2: Privat-, Public-, und Hybrid Cloud**
**Quelle: (PROZEUS 2011, 13)**

In Abb. 2 werden noch einmal die generellen Unterschiede zwischen den einzelnen Betriebsmodellen aufgezeigt. Public Clouds stehen weltweit jedem offen zur Verfügung. Bei Private Clouds ist der Zugang beschränkt, oft findet der Zugang nur von einem Unternehmen aus statt. Bei der Hybrid Cloud handelt es sich um eine Verbindung zwischen einer Public-, und einer Private Cloud. Jedes Unternehmen muss für sich die Vor- und Nachteile abwägen und dann das für sich passende Betriebsmodell auswählen, nach denen die Cloud Umgebung und die Services betrieben und bezogen werden sollen.

### 1.3.2 Service Modelle

Die unzählig heterogen existierenden Cloud Services lassen sich nach ihrer Art klassifizieren und in ein hierarchisches 3 Schichten Modell[6] einordnen, siehe Abb. 3 Dabei können Services einer höheren, abstrakteren Schicht auf die Services der tieferen Schicht zugreifen und für ihre eigene Servicerealisierung nutzen (Meinel et al. 2011, 30; Baun et al. 2011, 29-30).

---

[6] In der Literatur tauchen oft weitere Modelle auf, wie z.B. Everything as a Service( XaaS) oder Business as a Service (BaaS) auf die hier aber nicht näher eingegangen wird.

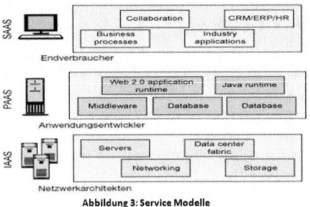

**Abbildung 3: Service Modelle**
*Quelle: (IBM)*

**Infrastructure as a Service** ermöglicht die Bereitstellung von IT-Infrastrukturen als virtuelle, frei skalierbare Ressourcen. Bei diesen Ressourcen kann es sich beispielsweise um Server, Router, Hardware, Archivierungs- und Backup Systeme handeln. Die eben genannten Ressourcen werden als standardisierte, virtuelle Services über ein Netzwerk bereitgestellt und bezogen (Metzger, Reitz, Villar 2011, 21; NIST 2011, 3; Meinel et al. 2011, 30). Um die Ressourcen logisch zu ordnen, erhalten die Nutzer eine abstrakte Sicht. Die Verrechnung der Services erfolgt nutzungsabhängig, diese kann sich an Datenvolumen, Speichergröße oder auch Zeiteinheiten orientieren (Baun et al. 2011, 31-32; PROZEUS 2011, 12; Terplan, Voigt 2011, 25).

**Platform as a Service** richtet sich vornehmlich an Anwendungsentwickler und Systemarchitekten und ist weiter gefasst, als die einfache Bereitstellung einer Software. Als Service wird nicht nur eine Standardsoftware angeboten, sondern eine ganze Entwicklungsumgebung mit Anwendungen wie Middleware, Datenbanken und anderen Entwicklungstools (PROZEUS 2011, 11; Metzger, Reitz, Villar 2011, 21; Terplan, Voigt 2011, 26). Ein Nutzer greift auf die Komponenten der Plattform zu. Dadurch kann er sich ganz auf die Entwicklung und Bereitstellung von Anwendungen konzentrieren und muss sich nicht mit der zugrunde liegenden Infrastruktur befassen (NIST 2011, 2-3).

**Software as a Service** richtet sich, im Gegensatz zu PaaS, an die Endanwender. Das Konzept besteht darin, eine bestimmte Softwareanwendung nicht mehr auf jedem Rechner, an dem sie genutzt werden soll, zu installieren (Metzger, Reitz, Villar 2011, 21). Der Anbieter stellt einzelne Anwendungen als standardisierte Services zur Verfügung und ist auch für deren Administration, Wartung und den Betrieb zuständig (Meinel et al. 2011, 34; BMWi 2010, 11). Die Nutzer beziehen die Services über ein Netzwerk aus verschiedenen Geräten heraus, über einen Web-Browser oder eine Programm-Schnittstelle. Für die Nutzer entfallen somit die lokalen Installationen der Software und die Bereitstellung der dafür erforderlichen Ressourcen (NIST 2011, 2; PROZEUS 2011, 9).

## 1.4 Vorteile

In den letzten Kapiteln haben sich bereits erste Vorteile, die mit einem Einsatz von Cloud Computing verbunden sind, herauskristallisiert. In diesem Kapitel werden einige für den Verfasser, sowie in der Literatur oft auftauchende, generelle Vorteile exemplarisch aufgeführt (Metzger, Reitz, Villar 2011, 38-46; BMWi 2010, 5-6). Vor allem KMU und junge Unternehmen können durch den Einsatz von Cloud Computing im Vergleich zu Großunternehmen überproportionale Skalenerträge, sowie auch weitere Vorteile realisieren.

Durch den Einsatz von Cloud Services entstehen dem Unternehmen geringere Kosten für die IT-Infrastruktur. IT-Leistungen können über ein Netzwerk bezogen werden, und auch nur die Leistungen, die im Moment benötigt werden. Somit entfallen teure Investitionen in die IT-Infrastruktur, die wiederum in das Kerngeschäft gesteckt werden können. Rechenleistung, Speicherkapazitäten, sowie auch Anwendungen, können nach der Höhe der momentanen Auslastung oder anderen Kriterien dynamisch und unbeschränkt skaliert werden. In der IT muss nichts mehr vorgehalten werden, somit entstehen auch keine teuren und unnötigen Leerlaufkosten. Die Kapitalbindung fällt dadurch geringer aus, was wiederum mit dem Vorteil der Flexibilität dazu führt, dass die Gesamtkosten für IT-Leistungen geringer ausfallen. Es müssen auch keine technischen und/oder organisatorischen Voraussetzungen für den Einsatz von IT-Services geschaffen werden. IT-Services können schnell bezogen, wie auch im Unternehmen realisiert werden.

## 1.5 Verbreitung Cloud Computing

Der kurze Überblick über die Vorteile verdeutlicht das enorme Potenzial, dass hinter Cloud Computing steckt. Vor allem für KMU kann der Einsatz zum Teil enorme Kosteneinsparungen mit sich bringen. Die durch das Gesetz der abnehmenden Grenzkosten und den generellen Kostenunterschiede, durch die kleinere Mitarbeiterzahl bedingt, zu Großunternehmen herrührt. Dadurch kann ausgegangen werden, dass sich der Einsatz von Cloud Services in Unternehmen und hier vor allem von Seiten der KMU bereits etabliert hat. Dem ist aber nicht so, mehrere Befragungen haben ergeben, dass die meisten Unternehmen Cloud Services nicht nutzen und dieses auch nicht vor haben in den nächsten Jahren zu tun. Eine Studie die von PWC (2011, 24) in Auftrag gegeben wurde, zeigt auf, dass von den befragten Mittelständlern[7], die Cloud Computing nicht nutzen, nur 11% bereit sind dies in der nächster Zeit tun. Eine Studie die von KMPG und der Bitkom (KPMG 2012, 19) in Auftrag gegeben wurde, zeigt ein ähnliches Bild auf. Für etwa 50% der kleinen bis mittelgroßen Unternehmen[8] ist Cloud Computing derzeit kein Thema. Diese geringe Einsatzbereitschaft

---

[7] Es wurden Unternehmen mit einer Mitarbeiterzahl von 50-499 Befragt und 500-2000 Mitarbeiter.
[8] Die genaue Größe variiert nach der Mitarbeiterzahl des Unternehmens.

der Unternehmen kann aus zwei[9] verschiedenen Gründen resultieren. Der erste Grund kann aus bestehenden schlechten Erfahrungen von Unternehmen stammen die Cloud Services bisher eingesetzt haben. Studien[10] zeigen aber, dass die bisherigen Nutzer von Cloud Services zufrieden mit den bezogenen Leistungen sind. Ein anderer Grund kann ein bestehender Informationsmangel bei den IT-Entscheidern sein. Dieser Informationsmangel geht einher mit unbeantworteten Fragen von Seiten der IT-Entscheider. Die Fragen könnten sich mit den technischen Voraussetzungen beschäftigen, aber auch mit Compliance oder rechtlichen Regelungen die eingehalten werden müssen. Durch diese unbeantworteten Fragen bedingt, entstehen auf Seiten der Nutzer Hemmnisse, die dazu führen das Cloud Services nicht im wirtschaftlich benötigtem Umfang nachgefragt und konsumiert werden. Diese Hemmnisse müssen auf Seiten der IT-Entscheider beseitigt werden, um Cloud Services schneller zur Verbreitung zu verhelfen.

## 1.6  Hemmnisse im Bezug zu Cloud Computing

Im vorherigen Kapitel wurde beschrieben, dass existierende Hemmnisse den Einsatz von Cloud Services im Unternehmen verzögern oder ganz verhindern. Einige dieser Hemmnisse werden nun aus bestehenden Studien, zu diesem Thema, aufgeführt[11].

Unter PWC (2011, 27) ergab die Befragung, das

- Cloud Services einen zu hohen Integrationsaufwand in die bestehende IT-Infrastruktur darstellen (45 %)
- Gegen Vorschriften und Gesetz zu verstoßen (40 %)
- Markt um Cloud Services zu unübersichtlich ist (40 %)

Die Ergebnisse der Studie von IDC (2011, 8) zeigen ähnliche aber auch zusätzliche Hemmnisse auf[12].

- Mangelnde Kontrolle oder Kenntnis über Datenstandort (3.0)
- Mangelnde Reife der Cloud Angebote (2.9)
- Mangelnde Standards für Interoperabilität (2.7)
- Fehlende Markttransparenz (2.7)

Die letzte Studie[13] die herangezogen wird, stammt hauptsächlich von KPMG (2012, 44-45).

---

[9] Dies ist nur eine Meinung des Verfassers.

[10] Vgl. KPMG 2012, 34; PWC 2011, 22.

[11] Es werden nicht alle Hemmnisse herangezogen. Es sollen nur die Hemmnisse behandelt werden, die von den IT-Entscheidern stammen könnten, d.h. keine Hemmnisse die im direkten oder indirekten Bezug zu Unkenntnis zum Thema Cloud Computing oder persönlich bedingte Hemmnisse stehen.

[12] Bewertung auf einer Skala: 1 steht für keine, 4 für sehr hohe Barriere.

[13] Angegebene Zahlen sind %-Angaben der befragten Unternehmen. Die erste Zahl steht für „trifft voll und ganz

- Angst vor Datenverlust (52/ 24)
- Integration mit bestehenden Lösungen schwierig (27/ 10)
- Rechtslage unklar (15/ 19)

# 2 USDL

In den letzten Kapiteln wurde das Konzept des Cloud Computing vorgestellt. Ein kurzer Blick auf die Potenziale und Vorteile haben verdeutlicht, welche Bedeutung Cloud Services für Unternehmen haben. Durch bestehende Hemmnisse, fällt die derzeitige Nutzung von Cloud Services und hier vor allem von Seiten der KMU eher bescheiden aus. Um Hemmnisse generell zu beseitigen, müssen alle zu den Fragestellungen benötigten Informationen zusammengetragen, leicht verständlich präsentiert und zugänglich gemacht werden. Nur so können Ängste und Sorgen der IT-Verantwortlichen beseitigt und Hemmnisse abgebaut werden. Eine Möglichkeit in Bezug auf Cloud Computing ist es, die Cloud Services mittels der plattformneutralen Servicebeschreibungssprache USDL zu beschreiben.

## 2.1 Entstehung und Zukunft von USDL

Erste Ansätze zur Unified Service Description Language (USDL) stammen von Forschern aus den verschiedensten Bereichen von SAP Research. Diese Überlegungen erfolgten im Rahmen des öffentlich geförderten TEXO Projekts innerhalb des THESEUS Forschungsprogramms. Ziel ist es, eine Sprache zur Beschreibung von Services zu konzipieren, die eine Realisierung des „Internet der Dienste" ermöglichen soll. Im Kontext zum „Internet der Dienste" sollen sich Services online schneller und leichter finden, miteinander zu Mehrwertdiensten kombinieren, abrufen und beziehen lassen. USDL wurde dabei als ein „Stammdatenmodell" zur Beschreibung der verschiedensten elektronischen und manuellen Services geplant. Das Ziel ist, Services in ihrer Gesamtheit zu beschreiben. Gemeint ist, dass nicht nur technische, sondern auch die geschäftlichen und operationalen Aspekte eines Services beschrieben werden sollen (Terzidis et al. 2012, 11-13; Terzidis et al. 2011, 141-145).

Ein offener Standard wird angestrebt, um USDL schneller zu etablieren. Dazu wurde eine Incubator Group beim W3C eingerichtet, die sich vom 17. September 2010 bis zum 27. Oktober 2011 mit dem Thema beschäftigte. Durch gezielte Hintergrundinformationen und der Validierung von USDL wurde versucht dessen Position zu stärken. Eine weitere Bemühung lag darin, USDL an bestehende Standards von W3C anzupassen, dies wurde aber wieder verworfen. Der Grund lag daran, dass die aktuell vorliegende Version bereits sehr komplex und umfassend war und aus dem Grund eine Einführung und Validierung als wichtiger betrachtet wurde, als eine weitere Version herauszubringen. Die Ergebnisse der Incubator

---

zu", die zweite für „trifft eher zu".

Group waren die überarbeitete Version 3.0 (Meilenstein) M5 und eine Ansammlung von Feedbacks und Verbesserungsvorschlägen für weitere zukünftige Meilensteine. Zum Ende des Zeitraums wurden Mitglieder und Experten nach ihrer Meinung und den Potenzialen von USDL befragt (W3C 2011):

**Fraunhofer Gesellschaft:** „…Overall, we found USDL an extensive, relatively complex but usable service description language."

**Konstadinos Kutsikos:** "…Overall, I believe that USDL has great potential in the market and the host of companies and people behind it will prove its commercial value."

**HP:** "We can use USDL as another mean of exposing data stored in our IT Service Catalog. We are able to map most of the data stored in the Catalog. Although in some areas we would need to expose more information (e.g. pricing model, service configuration)."

Zusammenfassen lässt sich anhand der Meinungen ablesen, dass die Mehrheit den Sinn und die Vorteile von USDL erkannt hat. Nichts desto trotz wurden einige Herausforderungen mit auf dem Weg gegeben, die noch beseitigt werden müssen, um eine mögliche Standardisierung von USDL in Erwägung ziehen zu können. Die erste Empfehlung geht auf die Notwendigkeit von Methoden und Prozessen ein, um eine breite Palette von Fällen, Interoperabilitäten und Implementierungen zu unterstützen. Des Weiteren wird empfohlen, die Arbeit an einem formell spezifizierten USDL, auch unter Einbeziehung von bestehenden W3C Standards, fortzuführen. Auch eine engere Integration mit Semantic Web im generellen, und Linked Data im speziellen, sollte hergestellt werden (W3C 2011). Der aktuelle Stand in der Entwicklung von USDL beschäftigt sich damit, USDL weltweit zu verbreiten[14], um zuerst eine kritische Masse an Nutzern zu erreichen. Erst danach soll mit den eigentlichen Standardisierungsbemühungen wieder begonnen werden.

## 2.2 Service Beschreibungsansätze-, und Sprachen

Wie bereits eingangs festgestellt, ist USDL eine Servicebeschreibungssprache, die als Grundlage für ein „Internet der Dienste" konzipiert wurde. Im Grunde existiert bereits eine Vielzahl von Servicebeschreibungsbemühungen oder -sprachen[15], die jede für sich genommen eigene Zielsetzungen verfolgen. Auf einige dieser vorhandenen Servicebeschreibungen wird in diesem Kapitel eingegangen, um die Unterschiede und Gemeinsamkeiten zu USDL systematisch zu verdeutlichen. Jeder der unterschiedlichen Beschreibungssprachen wurde für

---

[14] Dies soll mit dem Linked USDL Ansatz erreicht werden. Der eine offene Entwicklung durch weltweite Adaption fördern soll. Siehe dazu auch Anhang 1.
[15] Beispielhaft wären hier zu nennen: W*-, WADL und WSMO.

eine oder mehrere spezielle Zielsetzungen konzipiert und hier setzen meist auch die Unterscheidungsmerkmale der einzelnen Sprachen an.

### 2.2.1 WSDL

Bei WSDL handelt es sich um eine plattform-, protokoll-, und programmiersprachenunabhängige, auf XML basierende Sprache zur Beschreibung von Web Services (Funk et al. 2010, 41). WSDL liegt in der vom W3C standardisierten Version 2.0 vor. Mittels WSDL wird ein WebService aus zwei verschiedenen Perspektiven beschrieben. Zum einen abstrakt, d.h. auf der Ebene der Funktionalität(en) und zum anderen konkret, d.h. auf der Ebene der technischen Details, die Angaben darüber bereitstellen, wie auf den Service zugegriffen werden kann. Die WSDL-Schnittstelle beschreibt dabei eine mögliche Interaktion mit dem WebService. Ein WSDL-Dokument baut auf einer hierarchischen Struktur auf und enthält mehrere Komponenten, siehe hierzu Abb. 4 (W3C 2007; Melzer et al. 2010, 116; TecChannel 2007, 3).

Ein WSDL Dokument beinhaltet unter anderem, in einem XML-Format vorliegenden, Angaben über Zugangsprotokolle, Schnittstellen und generelle Informationen zum Zugriff/ Aufruf des WebService (Funk et al. 2010, 41).

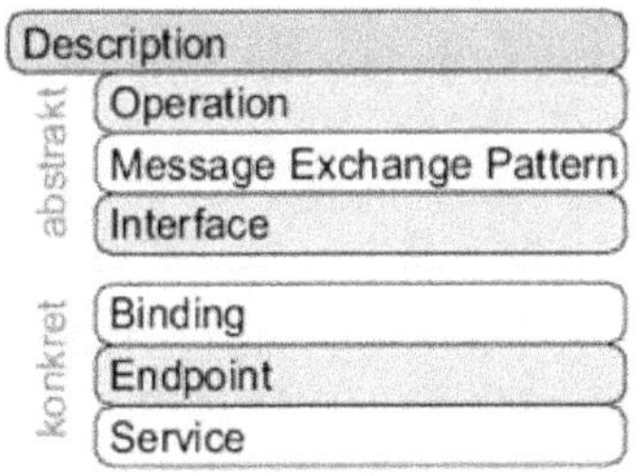

**Abbildung 4: Überblick über die WSDL-Komponenten**
*Quelle: (Melzer et al. 2010, 116)*

Wie evtl. die Abbildung und die kurze Einführung bereits vermuten lässt, handelt es sich bei WSDL um eine einfache Art und Weise Web Services und vor allem deren Schnittstellen zu beschreiben. Bei WSDL handelt es sich um eine einfache Beschreibungssprache. Diese erfüllt aber nicht alle Anforderungen, die für eine zukünftige Servicebeschreibungssprache erforderlich sind. Unter anderem sind damit Ontologien[16] zur semantischen Beschreibung, wie auch die Modellierung von Geschäftsprozessen und die Qualität der Service Informationen gemeint (Funk et al. 2010, 41; Melzer et al. 2010, 116).

### 2.2.2 OWL-S

Die Web Ontology Language for Web Services (OWL-S) ist ein Ansatz zur semantischen Beschreibung von Web Services. (Polleres, Lausen, Ruben, 2006, 513). OWL-S baut auf dem RDF und dessen erweiterten Schemata auf. Das Ziel besteht darin, dass Web Services,

---

[16] Um dies zu ermöglichen wurde die Erweiterung WSDL-S entwickelt.

basierend auf einer semantischen Beschreibung, anstelle von Benutzern, von Maschinen automatisch gefunden, interpretiert, kombiniert und ausgeführt werden (Reichert, Stoll 2004, 3). Dadurch wird eine, ohne Zugriff von Benutzern, automatisierte Benutzung und Wiederverwendbarkeit von Web Services möglich. Die Grundlage bilden Ontologien, um Services semantisch zu beschreiben. Durch den Verweis auf Ontologien kann formal ausgedrückt werden, was ein Web Services leisten kann. Diese Ontologie greift auf folgende drei Konzepte, um einen Web Service zu beschreiben (W3C 2004; Polleres, Lausen, Ruben, 2006, 513-514):

- Service Profil: Beschreibt funktionale, wie auch nicht funktionale Aspekte des Service und dient zum Auffinden dessen.
- Service Modell: Beschrieben wird der Service als Prozess, um zu verdeutlichen, wie ein Service seine Funktionalitäten erreicht.
- Service Grounding: Beschrieben werden die technischen Details die hinter der Benutzung und dem Aufruf des Service stecken.

OWL-S wird ebenfalls, wie WSDL, mit XML dargestellt. Der Unterschied besteht darin, dass Ontologien bereits fester Bestandteil von OWL-S sind und eine Möglichkeit zur Modellierung von Prozessen gegeben ist (Reichert, Stoll 2004, 10; Balzer, Liebig, Wagner 2004, 8-9). Wie so oft bei Dingen, die eine höhere Funktionalität aufweisen, ist es auch hier der Fall, dass die Sprache im Aufbau viel komplexer gestaltet ist, als WSDL.

### 2.2.3 SML

Die Entstehung der Software Modeling Language (SML) ist mit On-Demand-Anwendungen stark verwurzelt, zu dem unter anderem auch SaaS Cloud-Services zählen (W3C 2011). SML wird verwendet um komplexe Systeme und Services zu modellieren, je nach Abhängigkeit der Domain Anwendung enthalten die Modelle Informationen, beispielsweise über die Konfiguration, Bereitstellung und Service Level Agreements.

SML ist eine Modellierungssprache die auf XML-Schema und Schematron basiert. Die Realisierung eines SML Models geschieht als ein zusammenhängender Teil von XML-Dokumenten. Diese XML-Dokumente enthalten Informationen über die Teile des Services, sowie den Einschränkungen den die Teile erfüllen müssen, damit der Service ordnungsgemäß funktioniert. Die Einschränkungen werden durch XML-Schema Erweiterungen und Schematron-Regeln erfasst. Dadurch, dass SML keine Web Service Schnittstellen und Domain spezifische Modelle definiert, entstehen keine Konflikte mit WSDL (W3C 2009; W3C 2011).

Nachdem kurz auf drei unterschiedliche Servicebeschreibungssprachen eingegangen worden ist, können im nächsten Kapitel die Unterschiede zu USDL herausgehoben und beschrieben werden.

## 2.3 USDL Abgrenzung zu anderen Sprachen

In der unteren Tabelle (1) sind die wichtigsten Merkmale der oben beschriebenen Servicebeschreibungssprachen nochmal kurz zusammengefasst.

| Sprache | Darstellung | Semantik | Standard | Zweck | Kurze Beschreibung |
|---|---|---|---|---|---|
| WSDL | XML | Nein | W3C | Datenaustausch | Hauptsächlich Schnittstellenbeschreibung. |
| OWL-S | XML | Ja | Nein | Automatisierung | Semantische Beschreibung von WebServices. |
| SML | XML | Nein | W3C | Datenaustausch | SaaS beschreiben oder modellieren. |
| USDL | XML ECORE | Anbindung möglich | Im Gange | Beschreibung, Bereitstellung, Datenaustausch, Entwicklung | Servicebeschreibung, berücksichtigt funktionale, wie auch nicht funktionale Eigenschaften. |

Tabelle 1: Überblick Servicebeschreibungssprachen

*Quelle: (Eigene Darstellung)*

Gemeinsam, wie mit den oben vorgestellten Servicebeschreibungssprachen hat USDL, dass die Darstellung in XML erfolgt. Hierbei geht USDL aber einen Schritt weiter und verwendet, nach Anforderung[17] der Konzeptionalisierung, (UML-)Klassen. Dies geschieht im Zusammenhang mit ECORE. Dadurch wird es ermöglicht, konzeptionelle Zusammenhänge innerhalb von USDL grafisch darzustellen. Des Weiteren können die in USDL beschriebenen Klassen genutzt werden, um eine Modellgetriebene-Software-Entwicklung zu erleichtern und das enthaltende XSD kann zum Informationsaustausch genutzt werden (W3C 2011). Im Gegensatz zu anderen Beschreibungssprachen können mit USDL nicht nur IT-Services, sondern alle Arten von Services beschrieben werden[18]. USDL ermöglicht die Beschreibung von einfachen, wie auch komplexen Geschäftsprozessen[19]. Um (technische) Schnittstellen von IT-Services zu beschreiben greift USDL auf WSDL zurück. USDL ist, wie im nächsten Kapitel näher darauf eingegangen wird, in verschiedene Module aufgeteilt. Dadurch erfüllt USDL die Anforderung der Modularität. Eine weitere wichtige Voraussetzung erfüllt USDL im Bereich des „Semantischen Webs", es besteht die Möglichkeit Ontologien[20] anzubinden. Es ist festzuhalten, dass USDL sich in vielen Punkten mit bereits bestehenden Servicebeschreibungsansätzen ähnelt und Gemeinsamkeiten aufweist. Der entscheidende

---

[17] Bei der Erstellung von USDL wurde auf mehrere Anforderungen geachtet: Conceptualization, Expressive Power, Modularity, Extensibility, Comprehensibility, Formal Foundation (Barros et al. 2012, 212).

[18] Wie auch z.B. transaktionelle oder manuelle Services.

[19] Dies wird im Interaction Modul dargestellt.

[20] Dies kann unter anderem mit dem <description>-Element oder dem <classification>-Element realisiert werden. Des Weiteren ist die zu verwendete Ontologie nicht festgelegt.

Unterschied ist, dass bereits bestehende Servicebeschreibungssprachen meist nur die technische Sicht abdecken und somit keine geschäftlichen Aspekte Berücksichtigung finden. USDL möchte hier Abhilfe schaffen und nicht nur die technischen, sondern auch die geschäftlichen und operationalen Aspekte eines Services beschreiben. Die Abb. 5 gibt einen Überblick über die einzelnen Aspekte die USDL abdeckt.

**Abbildung 5: Beschriebene Aspekte von USDL**
*Quelle: (IoS)*

## 2.4 USDL Module

Nachdem bereits ein erster Überblick über USDL, sowie eine Abgrenzung zu anderen Service-Beschreibungssprachen gegeben wurde, kann nun auf die bereits angesprochenen Module von USDL eingegangen werden. Jedes Modul steht für einen bestimmten Aspekt des Services und beinhaltet ein UML-Klassenmodell. Diese Module hängen zum Teil voneinander ab und können miteinander interagieren. Der Vorteil einer Servicesprache, die modular aufgebaut ist, besteht darin, dass nur der Teil des Moduls beschrieben werden muss, der auch tatsächlich benötigt wird. Dies erleichtert die Servicebeschreibung und trägt zu einer Erhöhung der Flexibilität bei (Barros et al. 2012, 206; Terzidis et al. 2011, 141-147).

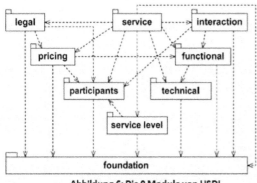

**Abbildung 6: Die 9 Module von USDL**
*Quelle: (IoS)*

**Service Modul**

Das Service Modul, das auch als Zentrum von USDL angesehen werden kann, erfasst zentrale Service Konzepte und verbindet alle wichtigen Aspekte der Service Beschreibung, verteilt über alle USDL Module hinweg (USDL 2011a, 25). Dabei fokussiert sich das Service Modul auf die wesentliche Struktur, also den strukturellen Aufbau eines Services, ohne jedoch detaillierte Angaben über, nur um zwei Beispiele zu nennen, seine Funktionalität und die Teilnehmer zu tätigen (Barros et al. 2012, 207). Die Natur des Services wird ebenso erfasst, wie die Art des Services, d.h. handelt es sich um einen einzelnen (atomaren) Service, einen zusammengesetzten Services oder um ein Service-Bündel. Konzepte, die in diesem Modul behandelt werden, sind z.B. Veröffentlichung, Klassifizierung, Zertifizierung, zusätzliche Dokumentationen und die Phase der Veröffentlichung (USDL 2011b, 7-8; USDL 2011a, 28-29).

**Participant Modul**

Das Participant Modul dient dazu, die Teilnehmer zu erfassen, die mit dem Service in Zusammenhang stehen. Die Notwendigkeit dieses Moduls ergibt sich daraus, dass durch die Bereitstellung, den Handel, die Lieferung und dem Konsum von Services in einem Service-Netzwerk eine Vielzahl von Akteuren beteiligt sind. Bei diesen Akteuren kann es sich um die in Abb. 7 aufgeführten (USDL 2011c, 7; Barros et al. 2012, 208) handeln.

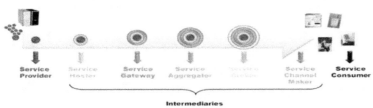

**Abbildung 7: Rollen in einem Servicenetzwerk**
**Quelle: (IoS)**

Das Participant Modul erfasst alle wichtigen Informationen über diese Akteure, wie auch deren Abhängigkeiten zueinander. Beispielsweise umfassen aggregierte Services meist eine Vielzahl von Anbietern, welcher jeder für seinen Teil des Services verantwortlich ist und diesen verrichten muss. Auch andere Beteiligte können auf den Service Einfluss ausüben, hier wären beispielsweise Stakeholder, wie die Regierung oder Verbände zu nennen, aber auch Funktionen von Drittanbietern, die mit dem Service orchestriert werden. (USDL 2011c, 7). Zur besseren Kontaktaufnahme und Kommunikation für den Nutzer werden Informationen über die Organisation oder Ansprechpartner ebenso erfasst. Durch diese eben genannten Szenarien bedingt, fügt das Participant Modul folgende Konzepte zu USDL hinzu: BusinessOwner, Providor, Intermediary, Stakeholder und TargetConsumer (USDL 2011a, 31; USDL 2011c, 7). Ein weiteres wichtiges Konzept dieses Moduls ist TargetConsumer. Damit können potenzielle Nutzergruppen des Services beschrieben werden (Heinzl et al. 2012, 342).

**Pricing Modul**

Wie bereits am Namen des Moduls ersichtlich, werden im Pricing Modul Konzepte für die Preisgestaltung erfasst (USDL 2011a, 25). Die Preisgestaltung eines Services ist eine komplexe Angelegenheit, der aber ein hoher Stellenwert beigemessen werden muss. Die Herausforderung des Pricing Moduls ist es, den ganzen Umfang und die Vielzahl von Bedingungen eines angebotenen Services zu erfassen. Unter anderem wären das verschiedene Angebote für die unterschiedlichen Zeiten, Kundenprofile und Branchen. Aber auch das Darstellen von verschiedenen Tarifen, der Volumen- oder Zeitbasierten Abrechnung, aber auch der Berücksichtigung von Rabatten.

Daher müssen Regeln innerhalb der Preisstruktur vorhanden sein, wie und wann die unterschiedlichen Preise entstehen und berechnet werden. Um diese Komplexität zu ermöglichen, hat das Pricing Modul eine hierarchische Struktur aus Preispläne(n), Preiskomponenten und Preisebenen (USDL 2011d, 7-8). Diese hierarchische Struktur erlaubt eine Vielzahl von alternativen Preisplänen zu modellieren. Der Preisplan bezieht sich dabei auf die verschiedenen Angebote eines Services. Diesem Preisplan können mehrere Preiskomponenten zugeordnet werden, die für jede einzelne Service Funktion verschiedene monetäre Werte berücksichtigt (USDL 2011a, 29; Barros et al. 2012, 210).

**Legal Modul**

Ein nicht zu vernachlässigender Punkt eines Services ist es, die damit einhergehenden Rechte und Pflichten zu kennen, wie z.B. die Haftung, den Datenschutz oder das Urheberrecht. Denn nur mit einem bestimmten Maß an Rechtssicherheit und Compliance, kann Vertrauen auf einem Service-Marktplatz erzeugt werden. Das Legal Modul zielt (zum Teil) auf diese Bedürfnisse ab und erfasst Lizenzen und Urheberrechte. Die aktuelle Version des Moduls beschränkt sich darauf, die Nutzungsrechte eines Services zu erfassen und basiert zurzeit auf dem deutschen Urhebergesetz (UrhG). Die zukünftige Version soll die Einbeziehung zum Rechtssystem der USA und eine Formalisierung der AGB beinhalten (USDL 2011a, 25; USDL 2011e, 7-8). Work als Mittelpunkt des Legal Moduls steht für einen Gegenstand wie z.B. Service oder Service-Bündel, welcher lizenziert werden kann. Für ein Work können UsageRights gewährt werden, nach verschiedenen UsageTypes (USDL 2011a, 30; Barros et al. 2012, 211).

**Service Level Modul**

Das Service Level Modul erfasst zuständige Konzepte bezüglich der Qualität und der Verfügbarkeit der Diensterbringung (USDL 2011a, 25). Dies ist deshalb wichtig, weil zum einen eine Vielzahl von Services mit ähnlichen oder gar identischen Funktionalitäten existieren und angeboten werden. Dies gestaltet die Auswahl des richtigen Services für die Nutzer schwierig. Deshalb sollten neben den Kern-Aspekten und Service Funktionen auch

andere Unterscheidungsmerkmale etabliert werden. Dies sind die nicht-funktionalen Eigenschaften und Qualitäten eines Services, wie beispielsweise die Verfügbarkeit, Prozesse bei einer Ausnahmebehandlung, oder der Schutz der Privatsphäre. Zum anderen möchte sich der Service Consumer bei Störungen oder Abweichung der Service-Funktionalitäten absichern. Eine gängige Methode sind SLA um formal solche funktionalen und nicht-funktionalen Bedingungen zu spezifizieren. Ein Nutzer kann auf Grundlage solcher SLA Entschädigungen, bei nicht Einhaltung der vereinbarten Bedingungen, vom Anbieter direkt ableiten (Barros et al. 2012, 200-211; USDL 2011f, 7). Das Service Level Modul ähnelt dem Konzept des Service Level Agreement Template, welches zum Beispiel im WS-Agreement spezifiziert ist (Marienfeld et al. 2012, 307).

**Interaction Modul**

Das Interaction Modul erfasst den Verhaltensaspekt von Services, ergänzend zum Functional Modul und Technical Modul. Erfasst werden Konzepte, die die Abläufe von Interaktionen zwischen einem Verbraucher und einem Service skizzieren. Es ist nicht ganz unwichtig zu wissen, in welcher Reihenfolge die einzelnen Funktionen ausgeführt werden sollen oder wann eine Interaktion mit dem Service notwendig ist (Barros et al. 2012, 209). Das zentrale Konzept ist das Interaktionsprotokoll, welches Gruppen von vorschreibenden und optionalen Interaktionen zwischen den Teilnehmern festlegt, dieses erfasst das von außen beobachtete Verhalten von Services (als eine Black-Box Sicht). Interaktionen können dabei sequenziell oder parallel erfolgen. Der Modellierungsansatz der für USDL zum Einsatz kommt, gehört zur Block-strukturierten-Vorgehensweise[21], wie z.B. BPEL (USDL 2011g, 7-8; USDL 2011a, 33).

**Functional Modul**

Das Functional Modul erfasst Konzepte, die die angebotenen Funktionalitäten des Services beschreiben, wie beispielsweise Funktionen, Parameter und Störungen (USDL 2011a, 25). Die Wichtigkeit dieses Moduls ergibt sich aus der Tatsache, dass der wesentliche Bestandteil einer jeder Servicebeschreibungssprache auszudrücken ist, was der Service verrichtet. Dabei ermittelt das Functional Modul Service Funktionalitäten auf einer konzeptionellen Weise. Konzeptionell meint in diesem Zusammenhang, unabhängig von den Möglichkeiten des Zugriffs auf technische Funktionalitäten. Üblicherweise werden Service Funktionalitäten als eine Reihe von Operationen erfasst. USDL unterstützt die Erfassung von Service Funktionalitäten in verschiedenen Schichten, für verschiedene Ebenen, die von Bedeutung sind (Barros et al. 2012, 208, USDL 2011h, 7-8).

---

[21] Daneben existieren Graphen-basierende-Modellierungsansätze, wie BPMN oder Petri-Netze.

**Technical Modul**

Das Technical Modul erfasst Konzepte, die die zur Verfügung stehenden Möglichkeiten beschreiben, um auf einen Service zugreifen und diesen aufrufen zu können. Damit gemeint sind Schnittstellen und Zugangs-Protokolle eines Services. Ein einzelner Service kann komplett oder in Teilen erhältlich sein, die über mehrere Schnittstellen miteinander kommunizieren können. Mit Schnittstellen in diesem Zusammenhang ist eine Reihe von konkreten Technologien gemeint, durch welche auf den Service zugegriffen werden kann. Basierend auf WSDL führt das Technical Modul technische Schnittstellen ein, die Schnittstellenelemente enthalten, wie z.B. Operationen und Parameter, auf die explizit verwiesen werden kann (USDL 2011a, 40; USDL 2011i; 7).

Bei USDL findet eine Trennung, zwischen den konzeptionellen Funktionen (Functional Module) auf der einen Seite und der technischen Realisierung (Technical Module), der diese Funktionalitäten verfügbar macht, auf der anderen Seite statt.

**Foundation Modul**

Das Foundation Modul enthält generische Konzepte, die in mehreren USDL Modulen zum Einsatz kommen. Zu den fundamentalen und universellen Konzepten, die zwar unabhängig, aber relevant für Service-Beschreibungen sind, gehören Zeit und Ort. Das Foundation Modul dient auch als Behälter für Konzepte, die logisch nicht zu einem USDL Modul zugeordnet werden können, sowie Konzepte die selbst nicht abhängig vom Konzept des Service sind, wie z.B. Organisation oder Person (USDL 2011a, 25+34; USDL 2011j, 8).

# 3 Cloud Services und deren Beschreibung mit USDL

Nachdem in den vorherigen Kapiteln alles Notwendige über Cloud Services und USDL erläutert wurde, können in diesem Kapitel nun Cloud Services mit USDL beschrieben werden. Um möglichst auf die gesamte Bandbreite der einzelnen Module einzugehen, werden drei verschiedene Cloud Services ausgewählt und nacheinander beschrieben. Dabei wird ein Blick auf die wichtigsten Aspekte, Konzepte, Elemente und deren Beziehungen zueinander geworfen. Wegen der zum Teil hohen Komplexität von USDL, kann nicht auf jede Einzelheit eingegangen werden, dies würde den Rahmen dieser Arbeit sprengen.

## 3.1 Amazon Simple Storage Service

Bei dem ersten Service der mit USDL beschrieben wird, handelt es sich um den Amazon Simple Storage Service (Amazon S3)[22]. Dieser Service stellt dynamisch, also je nach Bedarf, Speicherplatz im Web zur Verfügung. Diese Datenmengen werden in sog. Buckets abgelegt. Wie bereits auf den ersten Blick zu erkennen ist, handelt es sich bei diesem Service um eine

---

[22] Für nähere Informationen siehe: http://aws.amazon.com/de/s3/

IaaS[23]. Auf die einzelnen Aspekte des Service wird in dem dazugehörigen Modul eingegangen. Zu jedem Modul erfolgt zunächst eine schriftliche Erläuterung über den Service, dazu werden die benötigten Elemente, Verweise und Attribute vorgestellt, die diesen Aspekt beschreiben. Im Anschluss darauf, kommt noch mal eine XML Darstellung, um einen Überblick auf die wichtigsten Elemente und deren hierarchische Struktur und Beziehungen zu geben.

**Foundation**

Wie bereits im Kap. 2.4 beschrieben enthält das Foundation Modul die Elemente, die sich über zwei oder mehrere, der restlichen Module verwenden lassen. Deshalb wird dieses Modul als erstes beschrieben. Das Foundation Modul stellt drei Arten von Elementen zur Verfügung; generelle Beschreibungselemente, zeit- und ortsbezogene Elemente und personenbezogene Elemente. Im Nachfolgenden werden die relevantesten, generellen Beschreibungselemente erläutert, sowie <Time> und <Location>, von den zeit- und ortsbezogene Elemente und <Agent> von den personenbezogenen Elementen (USDL 2011j).

Zu den am meisten benutzten Beschreibungselementen zählen <Description>, <Artifact>, <Classification> und <VariableDeclaration>.

<Description> wird dazu verwendet, um die verschiedensten Objekte, wie z.B. Protokolle, Ressourcen und Services textuell zu beschreiben. Die eigentliche Beschreibung wird in <value> realisiert. <type> gibt an, wie die textuelle Beschreibung in <value> verstanden wird. Mit <scope> kann die Gültigkeit der Beschreibung auf einen bestimmten Raum begrenzt werden, beispielsweise kann eine Sprachen ID eingegeben werden, um die Sprache innerhalb einer Taxonomie oder Ontologie einzuordnen. Mit <language>[24] wird der Sprachencode der textuellen Beschreibung angegeben.

<Artifact> verweist auf externe Ressourcen, um weitere Informationen für einen bestimmten Zweck bereitzustellen. Mit Hilfe einer URI <uri> wird ein Verweis auf eine Ressource erstellt. <type> dient dazu, um anzuzeigen um was es sich bei der Ressource handelt. Mit <mimeType> wird das zu erwartende Format der Ressourceninhalte angezeigt.

<Classification> wird benutzt um Objekte in einem Klassifikationssystem zu klassifizieren, z.B. innerhalb Ontologien oder Taxonomien. <classificationSystemID> verweist auf die formale Definition. <classID> identifiziert die gültigen Kategorien/ Klassen innerhalb des zu verwiesenen Klassifikationssystems.

---

[23] Für nähere Informationen, siehe Kap. 1.3.2.
[24] Nach ISO 639.

<VariableDeclaration> erlaubt die Deklaration von Variablen, die im Rahmen eines Entities, wie z.B. Services definiert werden. Mit <defaultValue> und <descriptions> können weitere Annahmen über die Variable getätigt werden.

<Time> als Ausgangspunkt für zeitliche Anmerkungen, und die gebräuchlichsten sind dabei <TimeInstant> und <TimeInterval>. Mit <TimeInstant> wird ein absoluter oder relativer Zeitpunkt[25] angegeben und mit <TimeInterval> ein Zeitraum. <TimeInterval> hat zwei verschiedene Ausprägungen, zum einen <AbsolutPointInTime> und zum anderen <RelativePointInTime>

<Location> als Standartkonzept unterscheidet in USDL zwischen realen, physikalischen und elektronischen Positionen.

<Agent> beschreibt die Teilnehmer des Services und steht in Beziehung zu dem <IdentifiableElement>.

**Service**

Der Einstiegspunkt in die Beschreibung dieses Services ist <NetworkProvisionedEntity>. Es handelt sich hierbei um das zentrale Konzept des USDL Models und dient als abstrakte Superklasse für alle frei zugänglichen Entities, wie Service, Servic-Bündel oder zusammengesetzte Services. Da in diesem Fall der Service zum ersten Mal beschrieben wird, handelt es sich um die Version „1.0" <version>. Eine der wesentlichen Eigenschaften von Cloud Services ist, dass es sich um sog. On-demand self-service handelt. Dadurch ist in den meisten Fällen keine menschliche Interaktion vorgesehen, wie auch in diesem Fall. Deshalb handelt es sich um einen automatischen Service <nature> (USDL 2011b).

---

[25] Nach ISO 8601.

```
1    <service>
2        <resourceID> 37117ad3-2968-492d-a81c-e87634476ddd </resourceID>
3        <version> 1.0 </version>
4        <nature> Automated </nature>
5        <name>
6            <description>
7                <value> Speicherplatz im Internet </value>
8                <type> name </type>
9                <language> DE </language>
10           </description>
11       </name>
12       <publicationTime xsi:type="foundation:AbsolutePointInTime">
13           <timeZone> (UTC+01:00) Amsterdam, Berlin, Bern, Rom, Stockholm, Wien </timeZone>
14           <value> 2012-07-10T02:58:19.000+0200 </value>
15       </publicationTime>
16       <descriptions>
17           <description>
18               <value> Bei Amazon S3 handelt es...</value>
19               <type> freetextShort </type>
20               <language> DE </language>
21           </description>
22           <description>
23               <value> Amazon S3 bietet eine...</value>
24               <type> freetextLong </type>
25               <language> DE </language>
26           </description>
27       </descriptions>
28   </service>
```

**Abbildung 8: Service Modul**
*Quelle: (Eigene Darstellung)*

Jeder Service braucht einen Namen, um ihn von anderen Services zu unterscheiden oder auch zu identifizieren. Der Name <names> dieses Service lautet „Amazon Simple Storage Service (Amazon S3)". Die Veröffentlichung <publicationTime> des Services erfolgte am 2012-07-08 um 12:30 Uhr. Um potenzielle Nutzer anzusprechen, ist es erforderlich, eine textuelle Beschreibung <descriptions> des Services bereitzustellen. Hierbei erfolgt eine Zweiteilung, zum einen erfolgt eine kurze Beschreibung, um einen schnellen und groben Überblick über den Service zu geben. Zum anderen eine ausführlichere Beschreibung, um einen tieferen Einblick zu geben.

**Functional**

Das zentrale Konzept im Functional Modul ist <function>, welcher einen Verlauf von Aktionen darstellt. Um diesen Verlauf zu beschreiben, kommt <name> und innerhalb dessen <description> zum Einsatz. Es besteht die optionale Möglichkeit eine Funktion <function> in Teilfunktionen <subfunction> zu zerlegen.

Des Weiteren kann der Verlauf mit Paramter <parameter>, Conditions <condition> und Fault <fault> strukturiert und charakterisiert werden. Parameter werden verwendet um benötigte Inputs und Outputs der Funktion zu erfassen. Ein Input beschreibt eine Menge von Parameter, die erforderlich zum Durchführen der Funktion sind. Output dagegen beschreibt die Menge von Parameter, die bei der Durchführung der Funktion hergestellt werden. Condition wird herangezogen, um auszudrücken, was erreicht werden muss. Im Functional Modul werden zwei Arten von Condition unterschieden, die Pre-, und die Postconditions. Mit Faults können

Informationen über Ausnahmen, die während des Verlaufs entstehen, erfasst werden (USDL 2011h).

Amazon S3 vermietet Speicherplatz im Internet. Dadurch wird dieses auch der Name der Funktion „Speicherplatz im WEB mieten.".

```
1    <functions>
2        <name>
3            <descriptions>
4                <value> Speicherplatz im Web mieten. </value>
5                <type> name </type>
6                <language> DE </language>
7            </descriptions>
8        </name>
9        ...
```

**Abbildung 9: Function Modul Teil I**
*Quelle: (Eigene Darstellung)*

Um die Funktion auszuführen, müssen die erforderlichen Dateien und Ordner ausgewählt werden, die im Web gespeichert werden sollen, dies geschieht mit <inputs>. Eine Erfassung, ob dies optional ist, d.h. freiwillig oder benötigt wird für die Funktion, geschieht durch <optional>.

```
10       <inputs>
11           <parameter>
12               <optional> false </optional>
13               <names>
14                   <description>
15                       <value> Dateien und Ordner = Datenmenge </value>
16                       <type> name </type>
17                       <language> DE </language>
18                   </description>
19               </names>
20               <descriptions>
21                   <description>
22                       <value> Es handelt sich um die Dateien und Ordner die im Bucket... </value>
23                       <type> freetextShort </type>
24                       <language> DE </language>
25                   </description>
26               </descriptions>
27           </parameter>
28       </inputs>
```

**Abbildung 10: Function Modul Teil II**
*Quelle: (Eigene Darstellung)*

In einigen Fällen erscheint es sinnvoll und notwendig auszudrücken, ob bestimmte Bedingungen erfüllt sein müssen, damit die Funktion überhaupt erst durchgeführt werden kann. Hier kommt <preconditions> zum Einsatz. Um diesen Service und seine Funktionen beziehen zu können, muss ein Amazon Account vorhanden sein.

```
29          <preconditions>
30              <condition>
31                  <descriptions>
32                      <description>
33                          <value> Amazon Account erstellen. </value>
34                          <type> freetextShort </type>
35                          <language> DE </language>
36                      </description>
37                  </descriptions>
38              </condition>
39          </preconditions>
40      </function>
```

Abbildung 11: Function Modul Teil III
*Quelle: (Eigene Darstellung)*

## Pricing

Das Pricing Modul setzt sich aus einem statischen und einem dynamischen Teil zusammen. Für den Amazon S3 Service wird keine dynamische Umsetzung benötigt, deswegen wird PriceFence außen vorgelassen. Die Preisstruktur setzt sich aus PricePlan, PriceComponent und PriceLevel zusammen. Bei PricPlan handelt es sich um einen Satz von Gebühren, die in Beziehung zu dem NetworkProvisionedEntity stehen. Im Folgenden wird Tax und PriceMetric zuerst erläutert und danach erst die eigentliche Preisstruktur.

Wie bereits aus dem Namen abzulesen ist, ist Tax <tax> dazu da, eine Steuer zu erstellen. Tax steht in Beziehung <taxes> zum PricePlan. Eine wichtige Angabe die getätigt werden kann, betrifft, ob die Steuer bereits im Preis enthalten ist oder nicht <included>. Es ist auch die Unterscheidung zwischen einer proportionalen <ProportionalPriceLevel> und einer absoluten <AbsolutePriceLevel> Steuer möglich (Kiemes, Novelli, Oberle 2012, 234).

Da angenommen wird, dass der Service von Deutschland aus bezogen wird, wird eine 19 %, proportionale Steuer fällig, die nicht Bestandteil des Endpreises ist. Dadurch, dass der Amazon S3 Service weltweit angeboten wird, scheint es erforderlich, für jedes dieser Länder eine eigene Steuer zu erstellen.

```
1       <tax>
2           <names>
3               <description>
4                   <value> Umsatzsteuer Deutschland </value>
5                   <type> name </type>
6                   <language> en </language>
7               </description>
8           </names>
9           <componentLevels xsi:type="pricing:ProportionalPriceLevel">
10              <percentageAmount> 0.19 </percentageAmount>
11          </componentLevels>
12          ...
13      </tax>
```

Abbildung 12: Tax-Element
*Quelle: (Eigene Darstellung)*

PriceMetric <priceMetric> beschreibt die kleinste Einheit die preislich berechnet werden kann. Sie steht in Beziehung <priceMetrics> zum Price Level. Um den Endpreis dieses

Services zu berechnen, sind in der Anzahl vier PriceMetric erforderlich. Ein Faktor <factor> ist dazu da, die kleinste Einheit nach der abgerechnet wird, aufzuführen. Diese muss noch mit <names> beschrieben werden. Im Ergebnis sieht es bei dem AS3 Service folgend aus: 1000 „PUT, COPY, POST oder LIST-Anfragen“, 10000 „GET und alle anderen Anfragen“, 1 „Übertragung ausgehender Daten, pro GB“ und 1 Speicherplatzgebühren, pro GB.

```
1     <priceMetric>
2         <factor> 1000.0 </factor>
3         <names>
4             <description>
5                 <value> PUT, COPY, POST oder LIST-Anfragen </value>
6                 <type> name </type>
7                 <language> DE </language>
8             </description>
9         </names>
10    </priceMetric>
11    ...
```

Abbildung 13: priceMetric-Element
*Quelle: (Eigene Darstellung)*

Ein PricePlan <pricePlan> kann als eine, in sich geschlossene Preisstruktur, zu einem Service oder Service-Bündel verstanden werden (Kiemes, Novelli, Oberle 2012, 233). Ein Service kann nicht nur einen, sondern mehrere alternative Preispläne enthalten. Diese können nach bestimmten Kriterien erstellt werden. Beim Amazon S3 Service kann der Nutzer selbstständig auswählen, wo der Standort des Servers liegen soll. Für jeden dieser Standorte wird ein eigener Preisplan, mit den eigenen, dazugehörigen Preiskomponenten und –ebenen erstellt. Innerhalb eines Preisplans wird die zu verwendete Währung <currency> angegeben, wie auch eine Unter- <planFloor>, und Obergrenze <planCap> für den Endpreis. Es ist auch möglich anzugeben, ab wann <effectiveFrom> und bis wann <effectiveTo> ein Preisplan gültig ist.

Die Preise für diesen Service werden in „$“ verrechnet. Auch eine Beziehung zu <tax> wird hergestellt. Der Preisplan enthält den Namen „Irland“, der abhängig vom Standort ist. Die Preise für diesen Service gelten ab dem 01.01.2012. für unbestimmte Zeit.

```
1     <pricePlan>
2         <currency> $ </currency>
3         <taxes> Umsatzsteuer Deutschland </taxes>
4         <names>
5             <description>
6                 <value> Irland </value>
7                 <type> name </type>
8                 <language> DE </language>
9             </description>
10        </names>
11        <planComponents>
12            ....
13        </planComponents>
14        <effectiveFrom xsi:type="foundation:AbsolutePointInTime">
15            <value> 2012-01-01T12:00:41.000+0100 </value>
16        </effectiveFrom>
17    </pricePlan>
```

Abbildung 14: pricePlan
*Quelle: (Eigene Darstellung)*

Eine Preiskomponente <priceComponent> besteht aus mehreren Gebühren, die addiert werden müssen, um den Endbetrag des Services zu erhalten. Mit <pricedFunctions> wird eine Beziehung zu Foundation hergestellt, mit dem die Funktion(en) angegeben wird/werden, welche die Preiskomponente betreffen. Bei dem hier vorgestellten Service, setzt sich der Gesamtpreis aus den drei Komponenten „Speichergebühren", „Anfragegebühren" und „Datenübertragungsgebühren" zusammen.

```
1    <priceComponent>
2        <pricedFunctions> Speicherplatz im Web mieten. </pricedFunctions>
3        <names>
4            <description>
5                <value> Speichergebühren </value>
6                <type> name </type>
7                <language> DE </language>
8            </description>
9        </names>
10       <componentLevels xsi:type="pricing:AbsolutePriceLevel">
11           ...
12       </componentLevels>
13   </priceComponent>
```

**Abbildung 15: priceComponent**
*Quelle: (Eigene Darstellung)*

Mit einer Preisebene <priceLevel> wird der monetäre Betrag der Preiskomponente erfasst. Eine Preiskomponente kann dabei mehrere Preisebenen beinhalten. Es ist damit möglich mehrere unterschiedliche Preisstufen zu realisieren. Dazu wird <tierLowerBound> und <tierHigherBound> verwendet. Damit kann ausgedrückt werden, bei welcher bestimmten Menge ein Preis gültig ist. Eine Preisebene kann zwei unterschiedliche Typen annehmen <AbsolutePriceLevel>, der einen fixen Betrag pro Einheit darstellt und <ProportionalPriceLevely>, der einen proportionalen Betrag pro Basis darstellt. Um zu wissen, welche Einheit zur Berechnung herangezogen wird, verwendet man hier PriceMetric (USDL 2011d).

Beim Amazon S3 Service orientiert sich der Betrag pro Einheit, der bezahlt werden muss, anhand der konsumierten Gesamtmenge. Dies wird für Speichergebühren nun erläutert. Die erste Preisstufe kostet 0.125 $ und gilt von den Einheiten 0.0 bis 1000.0 und die zweite Spanne kostet 0.11 $ und gilt für die Einheiten 1001.0 bis 49000.0. Die Einheiten werden in Gigabyte gerechnet, dies geschieht für jede Gigabyte Einheit <priceMetrics>. Bei „Anfragegebühren" werden zwei unterschiedliche Abfragetypen nach PriceMetric unterschieden „PUT, COPY, POST oder LIST-Anfragen" und „GET und alle anderen Anfragen".

```
1      <absoultePriceLevel>
2          <tierHigherBound> 1000.0 </tierHigherBound>
3          <priceMetrics> Speichergebühren, pro GB </priceMetrics>
4          <absoluteAmount> 0.125 </absoluteAmount>
5      </absoultePriceLevel>
6      <absoultePriceLevel>
7          <tierLowerBound> 1001.0 </tierLowerBound>
8          <tierHigherBound> 49000.0 </tierHigherBound>
9          <priceMetrics> Speichergebühren, pro GB </priceMetrics>
10         <absoluteAmount> 0.11 </absoluteAmount>
11     </absoultePriceLevel>
12             ....
```

Abbildung 16: absolutePriceLevel
*Quelle: (Eigene Darstellung)*

**Participant**

Das zentrale Konzept im Participant Modul ist <Role>, damit werden Rollen repräsentiert, die in einem Service-Netzwerk existieren. Dabei kann eine Rolle an einen konkreten Agenten <Agent> gebunden, oder als Platzhalter verwendet werden, letzteres, falls die genaue Rolle noch unklar ist. Ein <Agent> dient als abstrakter Typ aller Einheiten die in der Bereitstellung und Lieferung in einem <NetworkProvisionedEntity> teilnehmen. USDL unterscheidet zwei Typen von Agenten, eine Organisation <Organization> und eine natürliche Person <Person> (USDL 2011c).

Amazon ist die Organisation[26], die nun beschrieben wird, deshalb handelt es sich bei der Rolle um einen <provider>. Das Unternehmen das den Service anbietet, heißt „Amazon" <names>, beschäftigt „33.700" Mitarbeiter <numberofEmployees> und wurde im Jahre 1994 gegründet <yearofFounding>. Bei Amazon handelt es sich um eine „AG" <legalForm> und wird offiziell von „Bezos" repräsentiert <representatives>.

```
1      <agents xsi:type="foundation:Organization">
2          <resourceID> cf6bf06e-8c34-4cf3-9127-2e60754abc46 </resourceID>
3          <numberOfEmployees> 33700 </numberOfEmployees>
4          <yearOfFounding> 1994 </yearOfFounding>
5          <representatives> Bezos </representatives>
6              <names>
7                  <description>
8                      <value> Amazon </value>
9                      <type> name </type>
10                 </description>
11             </names>
12         <legalForm>
13             <classificationSystemID>  </classificationSystemID>
14             <classID> AG </classID>
15         </legalForm>
16         <contactProfiles>
```

Abbildung 17: Agent
*Quelle: (Eigene Darstellung)*

---

[26] <Organization> und <Person> stammen vom Foundation Modul und stehen in Beziehung mit <Agent>.

Mit <contactProfile> können Angaben zu postalischen <postalAdress>, wie auch zu elektronischen <electronicAdress> Kontaktaufnahme getätigt werden. Bei den postalischen Angaben handelt es sich um den Sitz und die Adresse von Amazon. Die elektronischen Angaben betreffen die Nummer und die E-Mail Adresse unter der jemand bei Amazon zu erreichen ist.

```
17          <contactProfile>
18              <postalAddress>
19                  <lineItems>
20                      <addressItem>
21                          <value> United State of Amerika </value>
22                          <type> country </type>
23                      </addressItem>
24                      <addressItem>
25                          <value> Seattle </value>
26                          <type> state </type>
27                      </addressItem>
28                      ....
29                  </lineItems>
30              </postalAddress>
31              <electronicAddresses>
32                  <electronicAddress>
33                      <value> 206-266-1000 </value>
34                      <type> phone </type>
35                  </electronicAddress>
36                  <electronicAddress>
37                      <value> http://www.amazon.com </value>
38                      <type> email </type>
39                  </electronicAddress>
40              </electronicAddresses>
41          </contactProfile>
42      </contactProfiles>
43  </agents>
```

**Abbildung 18: contactProfile-Element**
*Quelle: (Eigene Darstellung)*

Neben der Organisation, kann auch eine Person dargestellt werden, die beispielsweise bei Fragen des Services kontaktiert werden kann. Zu der Person können unzählige Angaben gemacht werden. In diesem Fall wird der CEO von Amazon erstellt „Jeff Bezoz".

```
1   <agents xsi:type="foundation:Person">
2       <resourceID> 05595b57-6aa9-4fd6-a32a-d8de54c97ce0 </resourceID>
3       <firstName> Jeff </firstName>
4       <lastName> Bezos </lastName>
5       <jobTitle> CEO </jobTitle>
6   </agents>
```

**Abbildung 19: Agent:Person**
*Quelle: (Eigene Darstellung)*

**Legal Module**

Work <Work> repräsentiert den Gegenstand der lizensiert werden soll, dazu kann auch angegeben werden, um was es sich bei Work handelt <type>[27]. Work steht in Beziehung mit dem <CopyrightProtectedElement> eines Services, dies wird mit <subsumes> realisiert.

---

[27] Die verschiedenen <type>-Typen stammen aus dem Urheberrechtsgesetz §2 Abs. 1-7.

Dieser gibt die betroffenen Funktion(en) an. Bei Amazon S3 handelt es sich um einen Web Service, also um ein „Literary".

```
1    <work>
2        <type> Literary </type>
3        <subsumes> Speicherplatz im Web mieten </subsumes>
4        <descriptions>
5            <description>
6                <value> Web Service </value>
7            </description>
8        </descriptions>
9    </work>
```

**Abbildung 20: Work**
*Quelle: (Eigene Darstellung)*

Nutzungsrechte <usageRight> sind auf einen oder mehrere konkrete Nutzungstypen <usageType> gerichtet. Die Nutzungsrechte werden mit <nature>[28] nach ihrer Art bestimmt. Ein Nutzungstyp gibt an, wie man ein bestimmtes <work> nutzt. Nutzungsrechte können exklusiv <exclusiv> sein oder auch nicht. Der Amazon S3 Service enthält ein Nutzungsrecht, der sich mit dem Recht auf Weiterveräußerung <RightToDistribute> beschäftigt. Dazu wird ein <usageType> erstellt der in Beziehung <appliesTo> mit Work steht. Dieser zeigt an welcher Gegenstand <work> betroffen ist und auch eine Beschreibung <description> über die Rechte.

```
1    <usageRight>
2        <nature> RightToDistribute </nature>
3        <exclusive> false </exclusive>
4        <isDeterminedBy> Speicherplatz im Web mieten </isDeterminedBy>
5        <permits>
6            <usageTypes>
7                <appliesTo> Web Service </appliesTo>
8                <descriptions>
9                    <description>
10                       <value> Der Weiterverkauf an dritte Personen... </value>
11                       <type> freetextShort </type>
12                       <language> DE </language>
13                   </description>
14               </descriptions>
15           </usageTypes>
16       </permit>
17       <descriptions>
18           <description>
19               <value> Recht auf Weiterveräußerung </value>
20           </description>
21       </descriptions>
22   </usageRight>
```

**Abbildung 21: usageRight-Element**
*Quelle: (Eigene Darstellung)*

In USDL steht eine Lizenz <licence> für einen Behälter, für einen oder mehrere Nutzungsrechte, die hier konsolidiert werden können. Mit <licence> wird für einen Lizenzgeber ermöglicht, alle Nutzungsrechte anzugeben unter denen er bereit ist, die Nutzung des Work zu gewähren. In diesem Fall, wird eine Lizenznummer bestimmt <licenseNumber>

---

[28] Die verschiedenen <nature>-Typen stammen aus dem Urheberrechtsgesetz §§15-24.

und eine Verbindung zu Work <licenses> und Nutzungsrechte <grants> hergestellt. Dazu werden Beschreibungen erstellt, <names> mit denen weitere Informationen zu den Nutzungsrechten für den Nutzer gegeben werden (USDL 2011e).

```
1    <license>
2        <licenseNumber> Lizenz-Nr. 1 </licenseNumber>
3        <licensorRole> ExclusiveLicensee </licensorRole>
4        <licenses> Web Services </licenses>
5        <grants> Recht auf Weiterveräußerung </grants>
6        <grants> Anpassen oder Verändern </grants>
7        <names>
8            <description>
9                <value> Zugang und Nutzung des WebService gestattet. </value>
10               <type> name </type>
11               <language> DE </language>
12           </description>
13           <description>
14               <value> Serviceangebote Lizenz:  Im Verhältnis... </value>
15               <type> name </type>
16               <language> DE </language>
17           </description>
18       </names>
19   </license>
```

Abbildung 22: license-Element
*Quelle: (Eigene Darstellung)*

**Interaction**

Das zentrale Konzept im Interaction Modul ist das <interactionProtocol>, welches eine Anzahl von vorschreibenden und/ oder optionalen Interaktionen zwischen den beteiligten Akteuren beschreibt. Es gibt zwei Arten um Interaktionsprotokole zu erfassen. Diese beiden haben den gemeinsamen Typ, <interactionProtocol> welcher im Grunde einen namenlosen Container repräsentiert. Bei den beiden Arten handelt es sich zum einem, um den <SimpleInteractionProtocol> und zum anderen, um den <ComplexInteractionProtocol>.

Um den Prozess von Amazon S3 zu beschreiben reicht das <SimpleInteractionProtokol> vollständig aus. Dieses Element wird verwendet um einzelne Sequenzen von Interaktionen zu definieren. Die Reihenfolge der Interaktionen wird durch die Reihenfolge, in der die Funktionen durchgeführt werden bestimmt.

Das <SimpleInteractionProtocol> besteht aus Interaktionen <Interaction>, welche die Menge der einzelnen Prozessschritte ausmachen und <preDeliveryInteractions>, welche als zweiter Prozess/ Sequenz dem eigentlichen Hauptprozess/ Sequenz vorausgehen. Der Amazon S3 Service besteht aus insgesamt sechs Interaktionen. Mit <optional> kann angegeben werden, ob eine Interaktion optional ist, d.h. ob die Interaktion erforderlich für den Abschluss des <interactionProtocol>  ist oder nicht. In diesem Fall ist es nicht optional, d.h. sie ist erforderlich. Durch <reverse> wird angegeben, ob die Interaktion durch den Nutzer eingeleitet wird. In unserem Fall trifft dies zu und der Nutzer muss den Service anfordern, um ihn beziehen zu können (USDL 2011g).

```
1     <interactionProtocols xsi:type="interaction:SimpleInteractionProtocol">
2         <interactions>
3             <interaction>
4                 <optional> false </optional>
5                 <reverse> true </reverse>
6                 <involvedRoles> Amazon </involvedRoles>
7                 <names>
8                     <description>
9                         <value> Sign up for Amazon S3 </value>
10                        <type> name </type>
11                        <language> en </language>
12                    </description>
13                </names>
14            </interaction>
15            <interaction>
16                . . . . .
17            </interaction>
18        </interactions>
```

Abbildung 23: Interaction Modul I
*Quelle: (Eigene Darstellung)*

Bevor der eigentliche Hauptprozess ausgeführt werden kann, ist es notwendig einen Amazon Account zu erstellen. Dies wird kenntlich gemacht mit <preDeliveryInteractions>.

```
19            <preDeliveryInteractions>
20                <interaction>
21                    <optional> false </optional>
22                    <reverse> true </reverse>
23                    <involvedRoles> Amazon </involvedRoles>
24                    <names>
25                        <description>
26                            <value> Create Amazon account </value>
27                            <type> name </type>
28                            <language> en </language>
29                        </description>
30                    </names>
31                </interaction>
32            </preDeliveryInteractions>
33        </interactionProtocols>
```

Abbildung 24: Interaction Modul II
*Quelle: (Eigene Darstellung)*

**Service Level Modul**

Der Einstiegspunkt in das Service Level Modul ist das <serviceLevelProfile>. Ein <ServiceLevel> spezifiziert ein einzelnes Service Level Objekt. Es werden zwei Arten von <ServiceLevel> spezifiziert, <GuaranteedState> und <GuaranteedAction>. <GuaranteedState> erzeugt einen Zustand der innerhalb einer Service-Instanz beibehalten werden muss. <GuaranteedAction> ist eine unabhängige Aktivität, die erst gilt wenn eine spezifische Voraussetzung erfüllt wurde. Innerhalb dessen spezifiziert <serviceLevelExpression> einen Ausdruck der ausgewertet werden muss. Zu diesem Zweck kann eine Reihe Konstanten <constant>, Metriken <metric> und Variablen <variableReference> von Service Level Attributen <serviceLevelAttribute> referenziert werden. Innerhalb dessen können Beziehungen mit Hilfe von booleschen oder arithmetischen Operanden hergestellt werden (USDL 2011f).

Der Amazon S3 Service gewährleistet eine Serviceverfügbarkeit von 99,99 % im Zeitraum eines Jahres. Dies wird mit <constant> erfasst, die eine Servicel Level Attribute spezifiziert die während des Serviceverlaufs konstant bleibt.

```
1    <serviceLevelProfiles>
2        <serviceLevels xsi:type="servicelevel:GuaranteedState">
3            <obligatedParty> Amazon </obligatedParty>
4            <stateSpecification>
5                <attributes xsi:type="servicelevel:Constant">
6                    <relatesTo> Amazon Simple Storage Service (S3) </relatesTo>
7                    <value> 99,99% Verfügbarkeit </value>
8                </attributes>
9                <attributes xsi:type="servicelevelbaseextension:DurationConstant">
10                   <relatesTo> Amazon Simple Storage Service (S3) </relatesTo>
11                   <duration>
12                       <value> 1.0 </value>
13                       <type> year </type>
14                   </duration>
15               </attributes>
16               <descriptions>
17                   <description>
18                       <value> 99,99% Service Verfügbarkeit auf ein Jahr bezogen. </value>
19                   <description>
20               </descriptions>
21           </stateSpecification>
22       </serviceLevels>
23   </serviceLevelProfiles>
```

**Abbildung 25: Service Level Modul**
*Quelle: (Eigene Darstellung)*

## 2.2 aBusiness

Im vorherigen Kapitel wurden einige Elemente vorgestellt. Nun wird darauf eingegangen wie ein Service mit dem USDL Editor beschrieben werden kann[29]. Dazu wird die Software „aBusiness" von Langmeier herangezogen, die als SaaS angeboten wird. Langmeier ist ein kleines Softwareunternehmen, das mit aBusiness eine Software für KMU entwickelt hat. Diese Software soll den Büroalltag der Angestellten unterstützen.

Bei einem USDL-Editor handelt es sich um einen, mit einer grafischen Benutzeroberfläche ausgestattetem Tool, um einen Service zu beschreiben, verändern und zu speichern. Im Moment existieren zwei verschiedene Versionen dieses Editors, jedes ist für eine bestimmte Benutzergruppe ausgelegt. Für Experten ist der „normale" USDL-Editor ausgelegt. Diese Version stellt den vollen Umfang der Konzepte des USDL Meta-Modell bereit. Für Gelegenheitsnutzer und Anfänger ist der USDL-light-Editor erhältlich.

---

[29] Aspekte, die bei der Beschreibung des Amazon S3 Services nicht erklärt worden sind, werden separat aufgegriffen.

Bei dem USDL-light-Editor handelt es sich um ein Web basiertes Tool[30] mit dem man die relevantesten Aspekte eines Service beschreiben kann. Dieser Editor beschreibt im Gegensatz zum normalen USDL-Editor nur ausgewählte Aspekte des Services. Jedes Modul wird separat voneinander beschrieben. Nach der Beschreibung liegt, als Ergebnis, eine XML Datei vor.

**Service Modul**

Dadurch, dass es sich beim Service Modul um das zentrale Konzept handelt, muss dieses Modul auch innerhalb des light Editors beschrieben werden. Der Cloud Service bekommt einen Namen <name>, eine Version <version>, die Zeit der Veröffentlichung <publicationTime> und auch die Information um was für eine Art von Service es sich handelt <nature>. Zwei textuelle Anmerkungen <description> sorgen dafür, dass ein potenzieller Nutzer bereits erste, für die Kaufentscheidung wichtige Informationen über den Service bekommt.

Abbildung 26: Service light Editor_Service
Quelle: (Eigene Darstellung)

**Pricing Modul**

Der Preis der Software bestimmt sich über einen Lizenzschlüssel. Ein Lizenzschlüssel steht für einen Benutzer der die Software bedienen kann. Jeder Lizenzschlüssel kostet pro Jahr 390,00 €. Im ersten Jahr gibt es einen Preisnachlass von 105,00 € pro Lizenzschlüssel. Im Preis ist die deutsche Mehrwertsteuer nicht enthalten. Um diese Informationen darstellen, müssen die Elemente <pricePlan>, <priceMetric> und <tax> erstellt werden.

Nachdem diese drei Elemente erstellt wurden, kann näher auf das Element-<pricePlan>[31] eingegangen werden. Es muss die Währung eingegeben werden <currency>, die Währung ist

---

[30] Kann unter anderem mit dem Google Chrome Browser ausgeführt werden.
[31] Die anderen beiden Elemente werden in der näheren Beschreibung außen vor gelassen.

„€". Mit <description> kann eine textuelle Beschreibung der Preiszusammensetzung innerhalb des <PricePlan> erstellt werden.

**Abbildung 27: Service light Editor_Pricing**
*Quelle: (Eigene Darstellung)*

Das Princing Modul berücksichtig auch Rabatte oder andere Preisänderungen, wie es bei diesem Service der Fall ist. Dies geschieht innerhalb <PriceComponent> mit dem Element <PriceAdjustment>. Innerhalb <PriceAdjustment> kann mit <type> angegeben werden um was es sich für eine Art handelt. Es können drei verschiedene Arten unterschieden werden, <discount>, <premium> und <mixed>. Da bei dem Service ein Rabatt dargestellt werden soll, wird vom <discount> Gebrauch gemacht.

```
1    <planComponents xsi:type="pricing:PriceAdjustment">
2        <priceAdjustment>
3            <type> discount </type>
4            <names>
5                <description>
6                    <value> Preis IM ERSTEN JAHR: € 285.00 </value>
7                    <type> name </type>
8                    <language> DE </language>
9                </description>
10           </names>
11           <componentLevels xsi:type="pricing:AbsolutePriceLevel">
12               <absolutePriceLevel>
13                   <absoluteAmount> 105.0 </absoluteAmount>
14                   <priceMetrics> Lizenschlüssel pro Benutzer </priceMetrics>
15               </absolutePriceLevel>
16           </componentLevels>
17       </priceAdjustment>
18   </planComponents>
```

**Abbildung 28: priceAdjustment-Element**
*Quelle: (Eigene Darstellung)*

Bei mehreren <PriceAdjustment> kann mit <order> die Reihenfolge angegeben werden, welches <PriceAdjustment> zuerst angewandt wird. Innerhalb <PriceAdjustment> können wiederum Preisebenen enthalten sein, hiervon existieren zwei verschiedene Arten, zum einen ein absoluter Betrag <AbsolutePriceLevel> und zum anderen ein prozentualer Betrag, ausgehend von einer Basis aus <ProportionalPriceLevel>. Bei diesem Service wird ein Rabatt von 105 € pro Lizensschlüssel gewährt. Dadurch, dass der Rabatt nur ein Jahr gewährt wird, wird innerhalb <priceFence>[32] ein <timeLiteral> erstellt. Dieser <timeLiteral> wird anschließen innerhalb <PriceAdjustment> mit Hilfe von <componentFence> in Verbindung gebracht.

**Participant Modul**

Innerhalb vom Participant Modul werden Angaben zum Unternehmen getätigt. Unter anderem ist es der Name des Unternehmens <names>, wie auch die Rechtsform <legalForm>. Weitere wichtige Angaben betreffen die elektronischen Angaben, wie E-Mail und Telefonnummern. Die Angaben sind deshalb wichtig, um mit dem Unternehmen kontakt aufbauen zu können.

Abbildung 29: Participant Modul
Quelle: (Eigene Darstellung)

**Functional Modul**

Nachdem ein Überblick über den light Editor gegeben worden ist, kann nun ein kurzer Blick auf die Funktionsweise des USDL Editors für Experten geworfen werden. Dieser Editor verfügt, wie bereits geschrieben, über den vollen Funktionsumfang von USDL um Service in ihren gesamten Aspekten beschreiben zu können.

Die Hauptfunktion <names> von aBusiness lautet „Bürotätigkeitsunterstützung". In dieser Funktion sind vier Unterfunktionen enthalten <subfunctions>, wie auch ein Input <inputs>, ein Output <outputs> und eine Vorbedingung <preconditions>. Diese Unterfunktionen

---

[32] Mit Hilfe von PriceFence soll der dynamische Teil des Pricing Modul realisiert werden.

können wiederum Unterfunktionen, wie auch alle anderen Konzepte enthalten. Die Vorbedingung der Hauptfunktion ist, das „Microsoft Office Packet Version 2002/07/12".

In diesem Editor wird jedes Modul separat von einander beschrieben. An erlaubten Stellen können Verbindungen untereinander erstellt werden. Zu jedem XML-Element können innerhalb des Editors Angaben getätigt werden. Das Ergebnis ist wie beim light-Editor eine XML Datei, nur hier mit mehr Informationen über den Services.

## 2.3 Telekom Cloud Service

Der letzte Cloud Service dieser Arbeit der mit USDL beschrieben wird, ist der „Managed MS Small Business Server[33]" von der Telekom. Es handelt sich nach Angaben der Telekom um ein professionelles IT-Komplettpaket. Detailliert eingegangen wird hierbei nur auf die Aspekte, die in den zwei bereits zuvor beschriebenen Cloud Services noch nicht, oder nicht ausreichend behandelt wurden.

**Service**

Innerhalb des Service Modul kann eine Anzahl von Zertifikaten <certification> für den Cloud Service angegeben werden. Dies wird innerhalb <certifications> mit einem Artefakt <artifact> realisiert. Eine textuelle Beschreibung <description> kann weitere, in textueller Form, Informationen über das Zertifikat bereitstellen. In dem Fall handelt es sich um ein Zertifikat für die Sicherheitsaspekte des Cloud Services.

```
1    <services>
2        <certifications>
3            ...
4            <artifact>
5                <type> Certificate </type>
6                <mimeType> application/pdf </mimeType>
7                <uri> http://www.cloud_zertifizierungsstelle.de/telekom.pdf
8                <descriptions>
9                    <description>
10                        <value> Offiziel Sicherheitszertifikat von... </value>
11                        <type> freetextShort </type>
12                        <language> DE </language>
13                    </description>
14                </descriptions>
15            </artifact>
16            ....
```

**Abbildung 30: Service Modul_2**
*Quelle: (Eigene Darstellung)*

Die Funktionalitäten des Services sind nur für bis zu 75 Nutzer ausgelegt, um dies in USDL auszudrücken, werden Variablen deklariert <VariableDeclaration>. Variablen können ermittelt und für einen bestimmten Zeitpunkt innerhalb des Services ausgeführt werden. Da die Funktionalitäten betroffen sind, wird die Beschränkung im Functional Modul getätigt.

---

[33] Einige Angaben wurden hinzugefügt oder verändert um neue Aspekte zu behandeln.

Variablen bekommen Namen <names>, in diesem Fall „Gesamtnutzeranzahl“. Mit Hilfe von <typeReference> wird die Variable klassifiziert. <typeReference> ist dabei ein spezifizierter Typ von <Classifikation>.

```
1    <services>
2        ....
3        <contextVariables>
4            <name>
5                <description>
6                    <value> Gesamtnutzeranzahl </value>
7                    <type> name </type>
8                    <language> DE <language>
9                </description>
10           </name>
11           <typeReference>
12               <classificationSystemID>
13               <classID> Nutzer </classID>
14           </typeReference>
15           <descriptions>
16               <description>
17                   <value> Die gesamt Anzahl von Nutzern für die... </value>
18                   <type> freetextShort </type>
19                   <language> DE <language>
20               </description>
21           </descriptions>
22       </contextVariables>
23       ...
```

**Abbildung 31: Service Modul_2.1**
*Quelle: (Eigene Darstellung)*

**Functional**

Eine Verbindung zu einer Variable wird mit <affectedContextVariables> hergestellt. In unserem Fall benötigen wir die Variable „Gesamtnutzerzahl“.

**Pricing**

Eine Möglichkeit ab wann Preise gelten, wurde bereits mit <effectiveFrom> beschrieben. Es besteht auch die Möglichkeit zu beschreiben, wie lange diese Preise gelten sollen, dies geschieht mit <effectiveTo>. Bei diesem Service gelten die Preise vom „2012-01-01T12:00:56.000+0100“ <value> bis zum „2012-12-31T11:59:24.000+0100“ <value>.

**Participant**

Innerhalb des Participant Modul kann die Zielgruppe bestimmt werden, für wenn der Service konzipiert wurde <TargetConsumer>. Diese Bestimmung wird mit <Classification> realisiert. Die formelle Definition, auf die verwiesen wird, lautet „http://www.klassifizierungsschema.de/...“. Die Klasse innerhalb dieses Klassifikationssystems lautet „KMU“, eine zusätzliche textuelle Beschreibung <description>, wird auch erstellt.

```
1    <targetConsumers>
2        <targetConsumer>
3            <consumerClassification>
4                <classifiaction>
5                    <classificationSystemID> http://www.klassi... </classificationSystemID>
6                    <classID> KMU </classID>
7                </classification>
8            </consumerClassification>
9            <descriptions>
10               <description>
11                   <value> Der Service richtet sich an kleine... </value>
12                   <type> freetextShort </type>
13                   <language> DE </language>
14               <description>
15           <decriptions>
16       </targetConsumer>
17   </targetConsumers>
```

**Abbildung 32: targetConsumer-Element**
*Quelle: (Eigene Darstellung)*

**Service Level**

Im Service Level Modul wird nun die Beschränkung mit den 75 IT-Nutzern realisiert, denn dieses Modul ist unter anderem dafür zuständig, die Verfügbarkeit des Service zu erfassen. Um dies zu ermöglichen werden zwei Attribute <attributes> benötigt. Auf die Variable muss noch verwiesen werden <variableReference> und mit einer Konstante <constant> die Zahl eingegeben werden „75". Diese muss noch mit <typeReference> klassifiziert werden. Nachdem diese beiden Eingaben erfolgt sind, muss noch der Zusammenhang zwischen diesen beiden Attributen bestimmt werden. Dazu wird eine Ausdruckssprache verwendet, mit der formale Ausdrücke oder komplette Spezifikationen erfasst werden können <ServiceLevelExpression>. Innerhalb dessen kann mit <languageID> auf die Ausdrucksprache verwiesen werden und mit <value> der String spezifiziert werden.

# 4 Abbau von Hemmnissen mit dem Einsatz von USDL

Nachdem wichtige Hemmnisse die im Zusammenhang mit dem Einsatz von Cloud Services stehen aufgeführt und aufgezeigt wurden sind, kann in diesem Kapitel darauf eingegangen werden, ob Hemmnisse durch die Beschreibung von USDL beseitigt werden können und wenn ja, wie dies innerhalb von USDL realisiert werden kann. Dabei wird jedes Hemmnis einzeln aufgegriffen und die Lösung, die USDL zum beseitigen des Hemmnisses beiträgt, aufgeführt.

## 4.1 Zu hoher Integrationsaufwand

Cloud Services sollen meist zu bereits bestehenden Anwendungen oder IT-Infrastrukturen bezogen bzw. hinzugefügt werden. Aber auch bei Lastspitzen zur Unterstützung der vorhandenen Ressourcen ist der Einsatz von Cloud Services vorteilhaft. Das Problem besteht darin, die verschiedensten Cloud Services in eine komplett bestehende Infrastruktur einzugliedern und zu synchronisieren. Dies geschieht in Abhängigkeit von der Infrastruktur und den zu verwendeten Anwendungen des Unternehmens. Deshalb kann eine Lösung, innerhalb der Cloud Services Beschreibung, mit USDL nicht angegeben werden.

## 4.2 Gesetzte und Vorschriften

Oft genannte Hemmnisse stehen in Bezug zu Gesetzten und Vorschriften die eingehalten werden müssen. Diese sind in den meisten Fällen Bestimmungen zum Datenschutz, aber auch zu gesetzlichen Aufbewahrungsfristen[34]. USDL stellt ein Modul bereit, dass sich mit Gesetzen beschäftigt, nämlich das Legal Modul. Dieses erfasst zurzeit nur Lizenzen und Nutzungsrechte die mit den Cloud Services einhergehen. Deshalb können keine Informationen zu Rechtslagen der einzelnen Länder erfasst werden. Dadurch kann ein, mit USDL beschriebener Cloud Service diesen Hemmnis nicht beseitigen.

## 4.3 Unübersichtlicher Markt

Dieses Hemmnis resultiert daraus, dass auf dem Markt eine unübersichtliche Anzahl von Cloud Services existieren. Täglich kommen neue, und wenn man den Herstellerangaben trauen kann, verbesserte Services auf den Markt. Durch diese Fülle von angebotenen Cloud Services ist der IT-Entscheider oft überfordert den richtigen, für seine Bedürfnisse am ehesten ansprechendsten, Cloud Service zu wählen. Daher scheint es unmöglich, die richtige Entscheidung zu treffen, denn die Gefahr ist groß einen falschen Cloud Service einzuführen.

USDL leistet hier Abhilfe, indem ein Service in allen Aspekten beschrieben werden kann und anschließend auf einem Marktplatz angeboten wird. Durch die ganzheitliche Beschreibung der Services sind alle wichtigen Informationen über die technischen, wie auch geschäftlichen Aspekte, eines Services erhältlich. Beispielsweise könnte ein Marktplatz speziell für Cloud Services eingerichtet werden. Somit hätte man einen Überblick auf alle (beschriebenen) Cloud Services. Danach könnte evtl. mit Hilfe einer Suchmaschine der richtige Service gefunden und mit anderen verglichen werden. Um Cloud Services auf einem Markt zu platzieren, könnten in <targetConsumer> Angaben darüber getätigt werden, für welche Benutzergruppe der Service explizit ausgelegt ist.

Auch Cloud Services die von KMUs für KMUs stammen, könnten auf einem Marktplatz leichter gefunden und angeboten werden.

## 4.4 Interoperabilität

Einige Bedenken auf Seiten der IT-Endscheider kommen dadurch zu Stande, dass diese nicht sicher sind, ob und welche unterschiedlichen Cloud Service miteinander kombinierbar sind. Beispielsweise möchte ein Unternehmen nicht nur Anwendungen (SaaS) aus der Cloud beziehen, sondern auch die Infrastruktur gleich mit (IaaS), auf denen die Anwendungen laufen sollen. USDL vermindert dieses Hemmnis, indem verschiedene Cloud Services

---

[34] Vgl. Handelsgesetzbuch (HGB), Aufbewahrungsfirsten und Datenschutzbestimmungsgesetz.

gebündelt und zusammengesetzt werden und so auf einem Marktplatz angeboten werden[35]. Ein Szenario verdeutlicht dies: Ein Anbieter von SaaS und IaaS beschreibt und bietet seine Services einzeln an. Einige dieser einzelnen Services bündelt er zu neuen Services und bietet diese als Komplettlösungen[36] an. Aber auch andere Intermediäre, wie der Service Aggregator können durch den Einsatz von USDL neue Services bündeln und anbieten.

## 4.5 Datenstandort

Dieser Hemmnis steht in engem Zusammenhang mit der Rechtslage, aber unterscheidet sich doch in einigen Punkten von dieser. Bei diesem Hemmnis sind in erster Linie nicht die rechtlichen Bestimmungen gemeint, sondern die Angst vor Datenverlust oder Datendiebstall. Deshalb ist es für Unternehmen erforderlich zu wissen, wo die Daten gespeichert sind. Dies ist deshalb wichtig, weil die Speicherung in einigen Ländern mit politischen Risiken verbunden sein kann, wie Spionageattacken oder politischen Unruhen. Um dieses Hemmnis beseitigen zu können, muss innerhalb der Cloud Services Beschreibung angegeben werden, wo die Daten gespeichert sind. In USDL kann dies im Service Level Modul aufgezeigt werden. Innerhalb dieses Moduls wird dies mit Hilfe des Attributs <locationConstant> und <description> angezeigt. Diese Information ist aber schwer auf dem ersten Blick ersichtlich. Auch könnte wie im beschriebenen Amazon S3 Service der Standort im Preisplan angezeigt werden. Diese beiden Ansätze sind nicht die optimale Lösung, aber wenigstens eine. Eine weitere Lösung zum Thema Datenverlust liefert USDL, indem innerhalb eines Service Moduls ein Verweis auf Zertifikate und Feedbacks gegeben wird. Mit diesen beiden Elementen kann ein gewisses Vertrauen auf Seiten der IT-Verantwortlichen hergestellt werden. Mit offiziell anerkannten Zertifikaten im Bereich der Datensicherheit, kann der Anbieter zeigen, dass die Daten sicher sind. In Ergänzung dazu kann mit <feedbacks> auf die Erfahrungen von Unternehmen, die den Cloud Service bereits beziehen, verwiesen werden.

## 4.6 Verfügbarkeitsbedenken

Oft haben IT-Entscheider Bedenken zur Verfügbarkeit eines Cloud Service. Die Angst, dass zu beziehende Cloud Services nicht mehr bezogen werden können, und wenn auch nur teilweise, ist ein wichtiges Kriterium, nicht nur im Bezug zu Cloud Services, sondern jeglichen Abwägungen beim IT-Einsatz. Ein Szenario soll diese Angst verdeutlichen: Ein Anbieter hat seine komplette IT-Infrastruktur in die Cloud verlagert und bezieht dieses als einen Service. Hierbei passiert der schlimmste vorzustellende Fall und auf die Infrastruktur kann nicht mehr zugegriffen werden. Wie an diesem Szenario zu sehen ist, ist die Angst groß, nicht mehr auf Cloud Services zugreifen zu können und das Unternehmen seine Tätigkeiten nicht mehr ausführen kann.

---

[35] Dies wird im Service Modul realisiert.
[36] Gemeint sind hiermit, dass nicht nur eine Anwendung angeboten wird, sondern auch die technischen Rahmenbedingungen unter der sie läuft.

Zu diesem Zweck wurde in USDL das Service Level Modul eingeführt. Das Modul beschreibt die Verfügbarkeit und die Qualität eines Services[37]. Der Anbieter gibt an, welche Qualität der Serviceerbringung er garantiert und welche Auflagen ihm bei Nichteinhaltung drohen. Somit kann der IT-Entscheider sofort alle wichtigen Angaben darüber in Erfahrung bringen. Beispielsweise kann der IT-Entscheider bei einer 99,99 % Serviceverfügbarkeit kalkulieren, ob bei einem Ausfall der entstandene Verlust größer als die Kosteneinsparungen sind, die mit dem Einsatz eines Cloud Service zu realisieren sind.

# 5 Fazit

Zurzeit bestehen noch erhebliche Hemmnisse und Sorgen seitens der IT-Entscheider in KMUs in Bezug zu Cloud Services. Diese sind wie in verschiedenen in dieser Arbeit aufgeführten Studien zu sehen sind, nur zu einem geringen Teil berechtigt. Die meisten dieser Hemmnisse weisen im Ursprung einen nicht befriedigten Informationsbedarf auf. Hier setzt USDL an und beschreibt Cloud Services ganzheitlich d.h. von allen Aspekten. Dadurch können wie an dieser Ausarbeitung zu sehen sind, bestimmte Hemmnisse beseitigt werden. Festzuhalten ist, dass nicht alle Hemmnisse hierdurch beseitigt werden können.

---

[37] Gemeint sind damit unter anderem Service Level Agreements.

# Anhang

Anhang 1:

E-Mail vom 24.07.2012 von Daniel Oberle:

„Hallo
Herr Silka.
die Strategie ist zunächst durch den Linked USDL Ansatz eine kritische Masse an Anwendern an Bord zu bekommen. Erst danach soll die eigentliche Standardisierung erfolgen. Mehr Informationen finden Sie auf der gerade aktualisierten Seite http://www.internet-of-services.com
Hoffe das hilft zunächst weiter.
Viele Grüße
Daniel Oberle"

# Literaturverzeichnis

**Armbrust, M.; Fox, A.; Griffith, R.; Joseph, A. D.; Katz, R.; Konwinski, A.; Lee, G.; Patterson, D.; Rabkin, A.; Stoica, I.; Zaharia, M. (2009):** A view of cloud computing. In: Commun. ACM, Vol. 53, 2009, Nr. 4, S. 50-58.

**Balzer, S.; Liebig, T.; Wagner, M. (2004):** Pitfalls of OWLS– A Practical Semantic Web Use Case. In: http://www.informatik.uni-ulm.de/ki/Liebig/papers/balzer-et-al-icsoc04.pdf, zugegriffen am 23.07.2012.

**Barros, A.; Oberle, D.; Kylau, U.; Heinzl, S. (2012):** Design Overview of USDL. In: Handbook of Service Description: USDL and Its Methods. Hrsg.: Barros, A.; Oberle, D., Springer, 2012, S. 187-225.

**Baun, C.; Kunze, M.; Nimis, J.; Tai, S. (2009):** Cloud Computing: Web-basierte dynamische IT-Services. Springer, 2009.

**Beckereit, F. (2011):** Quo vadis Virtualisierung – Infrastrukturen für die Private Cloud. In: Cloud Computing: Neue Optionen für Unternehmen. Hrsg.: Köhler-Schulte, C., Springer 2011.

**BITKOM (2009):** Cloud Computing - Evolution in der Technik, Revolution im Business. In: http://www.bitkom.org/files/documents/BITKOM-Leitfaden-CloudComputing_Web.pdf, zugegriffen am 23.07.2012.

**BMWi (2010):** Aktionsprogramm Cloud Computing: Eine Allianz aus Wirtschaft, Wissenschaft und Politik. In: http://www.bmwi.de/BMWi/Redaktion/PDF/Publikationen/Technologie-und-Innovation/aktionsprogramm-cloud-computing,property=pdf,bereich=bmwi2012,sprache=de,rwb=true.pdf, zugegriffen am 21.07.2012.

**BMWi (2010):** Aktionsprogramm Cloud Computing: Eine Allianz aus Wirtschaft, Wissenschaft und Politik. In: http://www.bmwi.de/BMWi/Redaktion/PDF/Publikationen/Technologie-und-Innovation/aktionsprogramm-cloud-computing,property=pdf,bereich=bmwi2012,sprache=de,rwb=true.pdf, zugegriffen am 21.07.2012.

**Chee, B.; Franklin Jr. C. (2010):** Cloud Computing: Technologies and Strategies of the Ubiquitous Data Center. CRC Press, 2010.

**Foster, I.; Yong, Z.; Raicu, I.; Lu, S. (2008):** Cloud Computing and Grid Computing 360-Degree Compared. In: http://arxiv.org/ftp/arxiv/papers/0901/0901.0131.pdf, zugegriffen am 23.07.2012.

**Funk, B.; Gómez, J.M.; Niemeyer, P.; Teuteberg, F. (2010):** Geschäftsprozessintegration mit SAP: Fallstudien zur Steuerung von Wertschöpfungsprozessen entlang der Supply Chain. Springer, 2010.

**Heinzl, S.; Kylau, U.; May, N. (2012):** Modeling Foundations. In: Handbook of Service Description: USDL and Its Methods. Hrsg.: Barros, A.; Oberle, D., Springer, 2012, 327-354.

**IBM:** Cloud Computing. In: http://www.ibm.com/developerworks/cloud/library/cl-cloudindustry1/, zugegriffen am 01.06.2012.

**IDC (2011):** White Paper: Cloud Computing in Deutschland.

**IoS: TEXO:** Dienste werden im Internet handelbar. In: http://www.internet-of-services.com (SAP_TEXO_CEBIT_USDL.pdf), zugegriffen am 01.06.2012.

**Kiemes, T.; Novelli, F.; Oberle, D. (2012):** Service Pricing. In: Handbook of Service Description: USDL and Its Methods. Hrsg.: Barros, A.; Oberle, D., Springer, 2012, S. 227-242.

**KPMG (2012):** Cloud-Monitor 2012: Eine Studie von KPMG in Zusammenarbeit mit BITKOM – durchgeführt von PAC.

**Krcmar, H. (2011):** Einführung in das Informationsmanagement. Springer, 2011

**Marienfeld, F.; Höfig, E.; Bezzi, M.; Flügge, M.; Pattberg, J.; Serme, G.; Bruckner, A.; Robinson, P.; Dawson, S.; Theilmann, W. (2012):** Service Levels, Security, and Trust. In: Handbook of Service Description: USDL and Its Methods. Hrsg.: Barros, A.; Oberle, D., Springer, 2012, S. 295-326.

**Meinel, C.; Willems, C.; Roschke, S.; Schnjakin, M. (2011):** Virtualisierung und Cloud Computing: Konzepte, Technologiestudie, Marktübersicht. Universitätsverlag Potsdam, 2011.

**Melzer, I. et al. (2010):** Service-orientierte Architekturen mit Web Services: Konzepte – Standards – Praxis. Spektrum Akademischer Verlag, 2010.

**Metzger, C.; Reitz, T.; Villar, J. (2011):** Cloud Computing - Chancen und Risiken aus technischer und unternehmerischer Sicht. Hanser, München, 2011.

**NIST (2012):** The NIST Defination of Cloud Computing. In:
http://csrc.nist.gov/publications/nistpubs/800-145/SP800-145.pdf, zugegriffen am 20.06.2012.

**Polleres, A.; Lausen, H.; Ruben, L. (2006):** Semantische Beschreibung von Web Services.
In: Semantic Web: Wege zur vernetzten Wissensgeselschaft. Hrsg.: Pellegrini, T.; Blumauer,
A., Springer.

**PROZEUS (2011):** Cloud Computing: Einsatz und Nutzen für kleine und mittlere
Unternehmen. In:
http://prozeus.de/imperia/md/content/prozeus/broschueren/prozeus_broschuere_cloudcomputi
ng_web.pdf, zugegriffen am 21.07.2012.

**PWC (2011):** Cloud Computing im Mittelstand: Erfahrungen, Nutzen und
Herausforderungen.

**Reichert, M.; Stoll, D. (2004):** Komposition, Choreograhpie und Orchestrierung von Web
Services – Ein Überblick. In: http://dbis.eprints.uni-ulm.de/164/1/ReSt04.pdf, zugegriffen am
23.07.2012

**TecChannel (2006a):** Serviceorientierte Architekturen – Grundlegende Konzepte. In:
http://www.tecchannel.de/webtechnik/soa/456248/serviceorientierte_architekturen_grundlege
nde_konzepte/index2.html, zugegriffen am 07.07.

**TecChannel (2006b):** Web Services – Grundlagen, Aufbau und Struktur. In:
http://www.tecchannel.de/webtechnik/soa/457051/web_services_grundlagen_aufbau_und_str
uktur/, zugegriffen am 23.07.2012

**TecChannel (2007):** Web Services implementieren mit WSDL. In:
http://www.tecchannel.de/webtechnik/soa/464653/web_services_implementieren_mit_wsdl/,
zugegriffen am 23.07.2012.

**Terplan, V.; Voigt, C. (2011):** Cloud Computing. Mitp, 2011.

**Terzidis, O.; Oberle, D.; Friesen, A.; Janiesch, C:, Barros, A. (2012):** The Internet oof
Services and USDL. In: Handbook of Service Description: USDL and Ist Methods. Hrsg.:
Barros, A.; Oberle, D., Springer, 2012, S. 1-16.

**Terzidis, O.; Fasse, A.; Flügge, B.; Heller, M.; Kadner, K.; Oberle, D.; Sandfuchs, T.
(2011):** TEXO: Wie THESEUS das Internet der Dienste gestaltet – Perspektiven der
Verwertung. In: Internet der Dienste. Hrsg.: Heuser L.; Wahlster, W. Springer 2011. 141-161.

**USDL (2011a):** Unified Service Description Language 3.0 (USDL): Overview. In:
http://www.internet-of-services.com/fileadmin/IOS/user_upload/pdf/USDL-3.0-M5-
overview.pdf, zugegriffen am 22.07.2012.

**USDL (2011b):** Unified Service Description Language (USDL): Service Module. In: http://www.internet-of-services.com/fileadmin/IOS/user_upload/pdf/USDL-3.0-M5-service.pdf, zugegriffen am 22.07.2012.

**USDL (2011c):** Unified Service Description Language (USDL): Participant Module. In: http://www.internet-of-services.com/fileadmin/IOS/user_upload/pdf/USDL-3.0-M5-participants.pdf, zugegriffen am 22.07.2012.

**USDL (2011d):** Unified Service Description Language (USDL): Pricing Module. In: http://www.internet-of-services.com/fileadmin/IOS/user_upload/pdf/USDL-3.0-M5-pricing.pdf, zugegriffen am 23.07.2012.

**USDL (2011e):** Unified Service Description Language (USDL): Legal Module. In: http://www.internet-of-services.com/fileadmin/IOS/user_upload/pdf/USDL-3.0-M5-legal.pdf, zugegriffen am 23.07.2012.

**USDL (2011f):** Unified Service Description Language (USDL): Service Level (SLA) Module. In: http://www.internet-of-services.com/fileadmin/IOS/user_upload/pdf/USDL-3.0-M5-servicelevel.pdf, zugegriffen am 23.07.2012.

**USDL (2011g):** Unified Service Description Language (USDL): Interaction Module. In: http://www.internet-of-services.com/fileadmin/IOS/user_upload/pdf/USDL-3.0-M5-interaction.pdf, zugegriffen am 23.07.2012.

**USDL (2011h):** Unified Service Description Language (USDL): Functional Module. In: http://www.internet-of-services.com/fileadmin/IOS/user_upload/pdf/USDL-3.0-M5-functional.pdf, zugegriffen am 23.07.2012.

**USDL (2011i):** Unified Service Description Language (USDL): Technical Module. In: http://www.internet-of-services.com/fileadmin/IOS/user_upload/pdf/USDL-3.0-M5-technical.pdf, zugegriffen am 23.07.2012.

**USDL (2011j):** Unified Service Description Language (USDL): Foundation Module. In: http://www.internet-of-services.com/fileadmin/IOS/user_upload/pdf/USDL-3.0-M5-foundation.pdf, zugegriffen am 23.07.2012.

**W3C 2002:** Web Services Architecture Requirements. In: http://www.w3.org/TR/2002/WD-wsa-reqs-20020429, zugegriffen am 11.07.2012.

**W3C 2004:** OWL-S: Semantic Markup for Web Services. In: http://www.w3.org/Submission/OWL-S/, zugegriffen am 18.07.2012.

**W3C 2007:** Web Services Description Language (WSDL) Version 2.0 Part 1: Core Language. In: http://www.w3.org/TR/2007/REC-wsdl20-20070626/, zugegriffen am 23.07.2012

**W3C 2009:** Service Modeling Language, Version 1.1. In: http://www.w3.org/TR/2009/REC-sml-20090512/, zugegriffen am 23.07.2012.

**W3C 2011:** Unified Service Description Language XG Final Report. In: http://www.w3.org/2005/Incubator/usdl/XGR-usdl-20111027/, zugegriffen am 23.07.2012.

www.ingramcontent.com/pod-product-compliance
Lightning Source LLC
LaVergne TN
LVHW080105070326
832902LV00014B/2428